考査会場必携

小学校・幼稚園 受験用語ハンドブック

☑親として身につけておきたい！ 敬語とポジティブ言葉

Shinga-kai

はじめに

幼児の受験において、親ができる一番大切なことは親子面接と願書です。結果はともかく、この機会に自分たちの子育てについて、ご夫婦で改めて考えることは、子どもの将来にとって、とてもいいことに違いありません。しかしながら、面接にしろ願書にしろ、言葉を飾っただけではこちらの気持ちを正しく伝えることはできません。きちんとした言葉遣いは、ご両親の良識やお人柄を表すものです。何を伝えるか、大切なのは話す内容ですが、それ以前に、正しい言葉遣いをしなければ何も伝えられません。成功をお祈り致します。

杏林大学外国語学部　客員教授
金田一秀穂

目次

1 入学準備ファイル

小学校受験を決めたら、受ける学校について情報を集め、理解を深めることが大切です。ここでは受験準備に必要な基礎知識を紹介します。

お受験事件簿

準備編

入学案内
小学校への
通学時間
居住地
運動や面接
考査の内容
情報収集はともかく
分析は苦手なの
は〜
だいじょうぶ！
君ならできるよ
?
○○を買うならココ！というお店の情報分析
あの特殊能力を活用するんだ！

入学準備のための自己診断Sheet30

□ 受験する学校は共学ですか、別学ですか？

□ 宗教系の学校ですか？

□ 大学まで進める学校ですか？

□ 学校の教育の特色を知っていますか？

□ 募集定員は何人ですか？

□ 倍率はどのくらいですか？

□ 自宅から学校までの通学時間はどれくらいですか？

□ 交通機関は何を利用しますか？

□ 学校は通学時間、居住地域を限定していますか？

□ どんな制服ですか？

□ 初年度にかかる費用はいくらですか？

□ 入試説明会、学校見学会はいつ開かれますか？

□ 願書の配布、出願の時期はいつですか？

□ 提出する書類にはどんなものがありますか？

□ 願書には写真が必要ですか？
□ 願書は窓口に提出しますか、郵送ですか？
□ 面接はありますか？
□ 面接は試験日前・後ですか、試験当日ですか？
□ 面接は親子面接ですか、保護者面接ですか？
□ 面接で聞かれるのはどんなことですか？
□ アンケートを提出する学校ですか？
□ どうしてその学校を志望するのですか？
□ 学校の教育内容を知っていますか？

□ 家庭の教育方針を説明できますか？
□ 試験は何日間ですか？
□ 試験はどんな形式で実施されますか？
□ 受験番号、試験日程はどのように決まりますか？
□ ペーパーテストはありますか？
□ 運動テストや制作テストはありますか？
□ どんな問題が多く出題されますか？

どれくらいの情報を
持っているか
チェックしてみてください。

小学校受験とは？

◆なぜ今、小学校受験をするのか

学齢期に達した子どもは小学校に進みますが、大半は市、区、町、村が運営する公立小学校に入学します。公立小学校では学区制が定められているので、進学するときはこれに従わなければなりません（東京都の場合、地区内で自由選択が可能な区や市も一部あります）。これに対して、居住地域などの制限はあるものの、原則として入学先を自由に選べるのが私立と国立の小学校です。ただ、入学試験があり、合格するには高いハードルをクリアする力が要求されますが、伝統と実績に裏づけられた独自の教育方針に基づく一貫教育は大きな魅力でしょう。

私立・国立小学校へ入学させたい理由としては、①学校の教育方針、理念に賛同してその学校で人格形成を図りたい、②将来の受験勉強を避けて、一貫教育制度がある小学校に入学させたい、③よい教育環境で勉強させ、有名中学や有名高校、有名大学に合格するチャンスを得たい、④学区内にある公立小学校に不安がある、などがあります。

◆私立・国立小学校を受けるにあたって

国立の小学校は、お茶の水女子大学、筑波大学など国立大学に附設された研究機関として運営され、いずれも人気は高く、競争倍率を見ても高いところでは約70倍にもなります。人気の高い理由は、所在地、学校施設などの環境が優れていること、先生、児童の意識が高く、学校生活が充実していることです。しかし、国立の小学校は、ほとんどの学校で抽選が実施されます。また居住地域、通学時間に制限があるので、指定の地域内に居住していない人がどうしても受験したい場合には、転居する必要も出てくるでしょう。私立小学校には独自の建学の精神や教育方針がありますから、学校とご家庭の教育方針が一致していることが何よりも大切です。受験をするにあたって大切なことは、子どもにとってふさわしい学校かどうか、その学校へ進むことでご両親が望まれる人間に成長できるかどうか、その教育環境をよく調べたうえで、進学を決めるようにしましょう。

私立・国立小学校の特色

◆幼稚園と小学校だけの学校

国立学園《くにたち》小学校は幼稚園と小学校だけの一貫教育を行っています。幼小一貫教育から始めて、中学受験を目指す最終的な狙いは、中高一貫教育を経た後の有名大学への入学でしょう。

◆幼稚園から女子だけの学校

白百合学園小学校や田園調布雙葉小学校は、幼稚園から一貫して女子だけを教育する学校です。ご自身に別学の経験がないご両親は、そのよさを理解したうえで受験してください。

◆幼稚園が併設されていない学校

一貫教育を実施している私立小学校には幼稚園も併設されていると思われがちですが、慶應義塾幼稚舎や立教小学校、聖心女子学院初等科など、幼稚園のないところがあります。

◆宗教・外国語教育のある学校

宗教教育を行っている小学校は、キリスト教系で青山学院初等部、仏教系で淑徳小学校などがあります。私立ではかなり以前から外国語教育を実施しているのも大きな特色で、白百合学園小学校ではフランス語が1年生から必修です。

◆通学時間を制限している学校

たとえば桐朋小学校では通学時間を制限し、利用交通機関は2系統までで、乗り換えは1回だけと指定しています。桐朋学園小学校も通学時間の制限があります。募集要項などで確認しておきましょう。

◆国立大学に附設する学校

国立の小学校はすべて国立大学に附設され、学生の教育実習など大学の教育研究機関としての役割を持っています。考査のほかに抽選、居住地域の制限もあり、保護者が参加しなければならない行事などが多い学校もあります。

共学・別学と進路パターン

◆私立学校の一貫教育

一般に、私立学校は建学の精神を受け継ぎ、独自の教育理念のもとに人間形成を図ることを目的としています。幼稚園、小学校、中学校、高校まで、あるいは短期大学、大学といった併設校を持ち、一貫教育を進めている学校が大部分です。原則として一定基準以上の成績なら、併設の上級学校まで進学できます。併設大学に希望学部がない場合もあるので、どのような学部があるか、調べておくことも大切です。

◆小学校は共学で中・高は別学の学校

桐朋小学校は幼稚園から小学校までが共学で、同系列の桐朋学園小学校も同じく共学です。どちらも男子は桐朋中・高、女子は桐朋女子中・高へ分かれて進学するそれぞれの推薦入学制度があり、ほとんどの児童がこの制度に合わせて進学します。

桐朋高校は、都内有数の進学校です。昭和女子大学附属昭和小学校、精華小学校、晃華学園小学校などは、中・高は女子校なので、男子はほかの中学校に進学することになります。中学受験をする子も多く、それぞれの学校独自の指導により着実に力をつけ、進学実績を上げています。

◆小学校から大学まで男女別学の学校

白百合学園小学校、聖心女子学院初等科、日本女子大学附属豊明小学校などは、質の高い女子教育を受けられる期待から志望者が多い学校です。その中でも、日本女子大学附属豊明のように同大学へ進学する人数が多い学校、または白百合学園のように同大学へ進む人数が少ない学校もあります。

◆小学校から高校まで別学の学校

雙葉小学校、光塩女子学院初等科などは高校までの女子校、暁星小学校は高校までの男子校ですから、卒業時にはほぼ全員が大学を受験します。立教小学校は一定の成績を収めていれば大学まで進めますが、男子校であるのは高校までです。

入学テストと考査の種類

◆ペーパーテスト

小学校受験のペーパーテストでは、話の記憶、数量、常識、言語、推理・思考、観察力、記憶、構成などが多く出題されます。ペーパーテストといっても、ほとんどの学校では文字や数字を使用しません。録音した音声や口頭での指示を聞き取り、絵を見て解答する形式です。どのような形で出題されても、指示をしっかり聞き取ることが要求されます。つける印や、筆記用具の色などの指示にも対応しなければなりません。

◆面接テスト

保護者のみの面接、親子での面接など学校によって形式は違いますが、ほとんどの学校で面接テストが実施されます。志望理由やご家庭の教育方針、子どもの長所・短所、子どもの将来像などがよく質問されます。

◆集団テスト

集団での行動観察を実施する学校が多いのが小学校入試の大きな特色の一つです。グループで絵を描いたり制作をしたりする課題のほか、ゲームやごっこ遊びを実施する学校もあります。

◆個別テスト

個別テストは、子どもの思考や工夫力を見るテストです。そのため簡単な口頭試問のほか、構成や巧緻性、生活習慣の課題が多く出されています。

◆運動テスト

小学校入試では、年齢相応の体力と運動能力を見る運動テストも実施されます。基礎体力を見る課題のほか、平均台・跳び箱などの体操器具を使う運動やボール投げ、玉入れなどゲームのような課題もあります。

求められる子ども像

◆小学校が求める子とは

多くの私立・国立小学校が求めているのは、知識ばかりを詰めこまれた子どもではなく、見る力、聞く力、話す力、考える力、行う力をバランスよく備えている発想力豊かな子どもです。難関校に合格している子は、特に受験時期にはすでに児童期への成長を遂げていて、バランスよく力が備わっているようです。子どもがグループになって相談するとき、自分の意見を通すのに夢中なのが幼児期で、そこから成長しリーダーシップを取り始め、発言しないお友達への気配りもできるようになるのが児童期です。学校は知的な発達度だけでなく社会的発達度、身体的発達度などを見ると同時に、きちんとしたしつけを受けて育てられた子どもを求めています。受験では、ご両親が担う役割も大きく、面接、願書やアンケートなど提出書類も見られ、テストと併せて総合的に判断されます。

◆合格に必要な5つの力

小学校受験で合格するためには、必要とされる5つの力があります。1つめは「見る力」です。観察力や模写、類似・差異の発見などに必要な基本的な力です。2つめは「聞く力」で話の聞き取り、指示の理解に欠かせない力です。3つめの「話す力」は意思の伝達、表現力において重要です。4つめの「考える力」は多岐にわたりますが、中でも推理する力が大切です。5つめの「行う力」は何事に対しても積極的に取り組む意欲、指示行動へのスムーズな対応、いろいろな場面で他者と協力し合う中で発揮されるものです。幼児には年齢相応に形成されていく感覚と概念があり、さまざまな能力の獲得に最適な時期があると考えられています。合格に必要な5つの力を中心として、幼児の自然な発達の道筋を逃すことなく、成長に合わせて子どもの力を最大限に伸ばす教育を行うことが大切です。

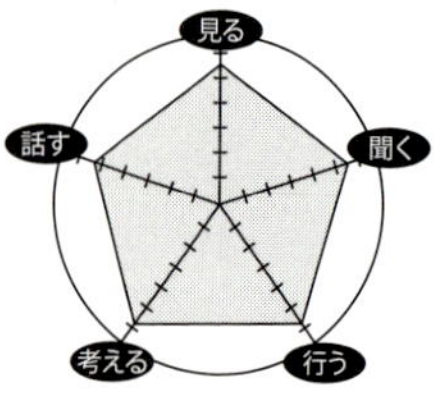

歓迎されない親のタイプ

Pattern 01

過保護型

あまりにも世話を焼き過ぎると、引っ込み思案で依頼心が強く、忍耐力がない子になってしまいます。

Pattern 02

知育偏重型

子どもの発育段階を無視して現在の能力以上の高い要求をすると、頭が混乱して自信のない子になってしまいます。

Pattern 03

過干渉型

始終子どもに目を光らせて監視し、命令・禁止・抑制の多い環境では、自立心や意欲に欠ける子になります。

Pattern 04

自己中心型

子どもの目の前でも何かにつけて間違いを他人のせいにし、自分では責任を取ろうとしない親がいます。そんな親の姿を見ていると、社会性・協調性に欠けるようになり、無責任な行動を取って集団から孤立する子になってしまいます。

Pattern 05

溺愛型

親にかわいがられてわがままが通ることが多いため、ほかの人に対してもわがままが出て、子ども同士でトラブルが起きやすくなります。親の前ではよい子でも、ほかの子となじめなかったり、弱い子をいじめたりします。

※小学校受験、幼稚園受験についての詳しい情報は、弊社発行の『首都圏 私立・国立 小学校合格マニュアル』『西日本 私立・国立 小学校合格マニュアル』『首都圏 私立・国立 有名幼稚園合格ガイド』をご参照ください。

2 敬語の使い方基本ファイル

敬語表現は、相手や話題になっている人をどのような存在として見ているかを示すもの。誤解されることのないように、きちんと身につけましょう。

お受験事件簿

敬語編

父方の祖父が
おホネをご恵与くださいましたが
愛犬はすぐには召し上がらず
へりくだり
ネコの額ほどのお庭に穴を掘り
頂戴したモノを隠そうと
尽力しておりました。
お熱ありませんか
？
面接の敬語の練習です！

正しく使えると
印象アップ!!

敬語の基本

敬語は社会関係を言葉で表すもの。相手に対する敬意や自分自身を控えめに表現するなど、微妙でわかりにくい表現が多くあります。ここでは、面接や願書を書く際に適切な言葉が使えるように、よく出てくる言葉を使って説明していきます。

2007年に文化審議会から「敬語の指針」が発表され、敬語は「尊敬語」「謙譲語Ⅰ」「謙譲語Ⅱ（丁重語）」「丁寧語」「美化語」の５種類に細分化されました。

尊敬語

話し手よりも上位である相手や相手の動作、状態に対して敬意を含んだ表現。たとえば動詞では、言葉自体を変えるもの、「れる」「られる」などをつけるものがあります。

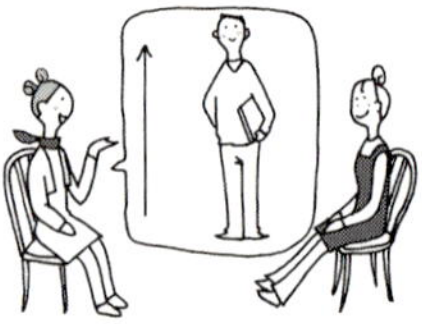

【用例】「いらっしゃる」「おっしゃる」「読まれる」「ご出席」

●**用例文**「先生はどこにいますか」→「先生はどちらにいらっしゃいますか」

謙譲語Ⅰ

話し手が、聞き手や話題に登場する人に敬意を表し、その敬意の対象に対して動作をへりくだる表現。相手を立てて述べるときに使います。

【用例】「伺う」「さし上げる」「お届けする」「拝見する」

●**用例文**「先生に会ったら聞いてみます」→「先生にお目にかかった際に伺ってみます」

謙譲語Ⅱ（丁重語）

話し手が、聞き手に直接敬意を表する表現です。自分自身や自分の行為などを相手に丁重に述べるときに使います。

【用例】「わたくし」「まいる」「申す」「拙宅」

●用例文「わたしは○○（自分の名）です」→「わたくしは○○と申します」／「自宅へ案内します」→「拙宅へご案内いたします」

丁寧語

話し手が、聞き手に対して敬意を表すために、話し方を丁寧にする表現。動詞などに続く語尾に「です」「ます」「ございます」をつけて使います。

●用例文「よい天気だね」→「よいお天気でございますね」／「ここから駅まで歩いて10分かかる」→「ここから駅まで歩いて10分かかります」

美化語

誰かへの敬意を表すのではなく、会話に上品さを持たせる表現。頭に「お」「ご」をつけて使います。

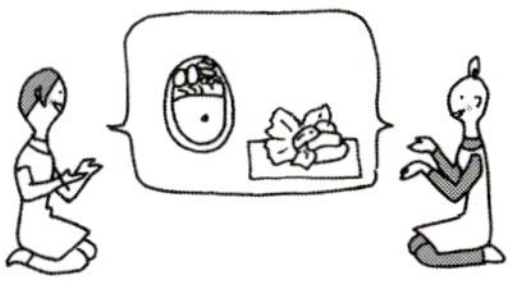

【用例】「お料理」「お弁当」「お菓子」「お名前」「お祝い」、「ご家族」「ご両親」「ご恩」「ご用件」「ご多忙」「ご入学」

＊「ご立派なお考えです」の「ご」、「お」は相手を立てるときに使う尊敬語に分類されます。

敬語の注意点

日本語の中でも、特に難しいといわれる敬語。変な言葉遣いで恥ずかしい思いをしないためにも、チェックをしましょう。

① 相手との関係で使い分ける

言葉遣いは、相手に敬意を表す「尊敬語」、自分の側を低めて相手に敬意を示す「謙譲語」、少し目上の人や初対面の人に使う「丁寧語」、仲間内で使う「仲間言葉」と、大きく4つに分けられます。たとえば、友達に「明日《みょうにち》、ご自宅にいらっしゃいますか?」、「わたくしが申し上げます」などと尊敬語や謙譲語で言われたら落ち着きませんよね。敬語は「誰に、どう使うか」を適切に使い分けてこそ意味を持つのです。

② 敬意は正しく表現する

感謝の言葉を言われて遠慮したり、何かを否定したりするときに「とんでもございません」と言っていませんか。「とんでもない」は、それ自体が一つの言葉なので、「ない」を「ございません」と言い換えることは不可能です。丁重に伝えるなら、「とんでもない」に丁寧語をつけた「とんでもないことでございます」が正しい表現です。言葉遣いを誤っても敬意は伝わるかもしれませんが、敬語は成立しません。

3 余計な敬語は不要

目上の相手に「どんな本を読んだ？」と尋ねるとします。この際、「どのようなご本をお読みになられましたか」と言うのは誤り。なぜなら、尊敬語の「お〜になる」に、さらに尊敬の助動詞「れる」をつけてしまっているからです。ここでは、「どのようなご本をお読みになりましたか」と相手の動作だけに尊敬語を使うのが正解。前者のように余計な敬語をつけた「二重敬語」は、避けるべき表現です。敬意が高くなるどころか、飾り立てただけの言い回しにしかなりません。また、謙遜《けんそん》の度を越えて自分を卑下するような過剰な敬語も避けましょう。

4 きちんとした日本語を使う

文化庁の*国語に関する世論調査で、「寒っ」など語幹のみの形容詞や、〈ら抜き言葉〉が広く使われていることが明らかになりました。「来れる」、「食べれる」などの「〜られる」の「ら」を省いた〈ら抜き言葉〉は長年、頻繁に指摘されていますが、近年では、謙譲語の「〜させていただく」に不要な「さ」を入れて、「送らさせて」、「休まさせて」などとする〈さ入れ言葉〉も文法の誤りとして目立っています。「送らせていただく」、「休ませていただく」が正しい表現。文法を理解し、きちんとした日本語を使うことも敬語には欠かせません。

＊2010年度

⑤「お・ご」の使い分けに注意

美化語の原則として、「お」は和語に、「ご」は漢語につきます。漢語でも、席・茶・肉・礼などの語は、日常では漢語とは意識されず「お」がつく例です。お返事／ご返事、お誕生／ご誕生のように、「お・ご」の両方がつくもの、お得／ご損のように、対になる漢語で「お・ご」に分かれる例もあります。ごゆっくり・ごゆるり・ごもっともは、和語に「ご」のついたまれな例。コーヒーやジュースなど外来語に「お・ご」は不要です。よって、トイレも「お」をつけない方が好ましいのですが、TPOをわきまえて使えば許容範囲と言えるでしょう。

⑥改まった席では言葉も正式に

改まった場面では、改まった印象を相手に与える語を選ばなければなりません。言い換えの実例にふれ、意識するようにしましょう。

〈日常語〉いつも→常々・常日ごろ　忙しい→多忙　きのう→昨日《さくじつ》　気持ちよい→快い　きょう→本日　去年→昨年　今年→本年　すぐに→直ちに・早速　少し→少々　前もって→あらかじめ

〈尊敬語〉相手→○○さま　父→お父さま・父上さま　母→お母さま・母上さま　夫→ご主人　妻→奥さま　子ども→ご子息・ご息女

〈謙譲語〉自分→わたくし・わたくしども　家族→父・父親、母・母親、夫妻、息子・娘

⑦使い方で失礼になる言葉

敬意を示して言ったつもりでも、相手によっては失礼になる言葉があります。たとえば、「ご苦労さま」は、目上の人が目下の相手をねぎらう言葉ですから、敬語としては使えません。また、面接の受け答えや願書の志望欄にことわざや熟語を取り入れると知的なイメージがありますが、意味を正しく理解せずに使うのは逆効果です。「先生は学究の徒でいらっしゃる」、「御校の先輩方を他山の石として頑張ります」は、ほめ言葉として不適当になり、「溺れる者は藁《わら》をもつかむという気持ちで御校を志望いたしました」は誤りです。注意しましょう。

⑧「クッション言葉」で好感度アップ

ただ用件のみを伝えると、相手に不快感を与えてしまうことがあります。そんなときは相手への配慮や気遣いを伝える「クッション言葉」が便利です。依頼や希望を伝えるときは、つい命令形で言ってしまいがちですが、「～していただけませんか」「～ご遠慮願えますでしょうか」など、依頼形で伝えれば角が立ちません。援助などを申し出るときは、相手の立場を尊重するよう「よろしければ、～いたしましょうか」と婉《えん》曲《きょく》な表現に言い換えることで敬意の高い言い回しになります。敬語が上手に使えると、コミュニケーション力もアップするはずです。

日ごろからよく使う言葉に注意しましょう。

願書・面接で頻出！

敬語基本ワード

会う

きょう、学生時代の恩師に偶然、お会いしたのよ。

相手ー尊敬語
お会いになる
会われる

自分ー謙譲語
お目にかかる
お会いする

丁寧語
会います

解説

「お会いになる」は、相手と第三者とが会う場合に多く使い、「会われる」よりも敬意が高い尊敬語。「お目にかかる」は、「お会いする」よりも敬意が高い謙譲語です。

【用例文】

尊「校長が、理事長にお会いになられます」

謙「お初にお目にかかります」、「先日お会いした、～と申します」

与える・やる

よろしければ、
手を引いて
さし上げましょうか。

相手ー尊敬語
ご恵贈　ご恵投
ご恵与
くださる

自分ー謙譲語
謹呈
進呈
さし上げる（上げる）

丁寧語
あげます
与えます

解説

「恵贈・恵投・恵与」は、「寄付をする」という意があり、ひときわ敬意の高い表現です。尊敬表現の〈ご〉をつけて、多くは書き言葉として用います。謙譲語の「謹呈・進呈」も、書き言葉としてよく使われます。「上げる」は、〈～して上げる〉と同様に上下の関係が逆転するおそれがあるため慎重に使いましょう。

【用例文】

尊「ご恵与くださいましたご本を座右の書としております」

謙「記念の品をさし上げます」

言う

相手ー尊敬語

おっしゃる
言われる
仰《おお》せになる

自分ー謙譲語

申す（丁重語）
申し上げる

丁寧語

申します
言います

解説

尊敬語の「おっしゃる」は、「嘘おっしゃい」という言い回しもあるため、誤解されることがあります。発言をお願いする場合は「おっしゃってください」と言いましょう。「申し上げる」は、〈お（ご）～申し上げる〉の形で、「お話し申し上げる」「ご連絡申し上げる」などの表現もできます。

【用例文】

尊「先生が言われました」、「仰せのとおりです」
謙「ごあいさつを申し上げます」
丁「父が申しますには～」

行く・来る

ご夫婦
おそろいで
お出かけ
ですか。

相手ー尊敬語
お出かけになる
お見えになる
ご足労

自分ー謙譲語
参上する
お伺いする
伺う
参る（丁重語）

丁寧語
行きます
来ます

解説

尊敬語では、行くは「お出かけになる」、来るは「お見えになる」。上記のほかに「おいでになる」「いらっしゃる」「お越しになる」は、行く・来るの両義を兼ねます。「足をわずらわせる」の意がある「ご足労」は、尊敬に気遣いが加味された表現です。

【用例文】

尊「ご足労いただきおそれ入ります」、「先程、先生がお見えになりました」

謙「明日《みょうにち》、お伺いします」

丁「車で行きます」

いる

相手ー尊敬語
おいでになる
いらっしゃる

自分ー謙譲語
おる(丁重語)

丁寧語
います

解説

「○○さまは、おりますか」と聞くことがありますが、「おる」は自分の動作を丁寧に述べる表現なので、この言い方は誤り。上記のほかに「おられる」という表現も尊敬語に含まれてはいますが、〈おる〉は謙譲語・丁寧語に限ると間違いがないでしょう。

【用例文】

尊「○○さまは、こちらにおいでになります」、「こちらにはいつまでいらっしゃいますか」

謙「商店を営んでおります」

丁「自宅にいます」

受ける

お手紙を
拝受いたしました。
ご依頼の件、
謹んでお受けします。

相手—尊敬語
お受けになる
受けられる

自分—謙譲語
拝受する
お受けする

丁寧語
受けます

解説

「受けられる」の〈～られる〉は、よく使われる尊敬語ですが、可能の「～できる」や受け身の「～される」と同じ形になるため意味を取り違えられるおそれがあります。「お受けになる」、または、〈～する〉の尊敬語「なさる」を用いて「お受けなさる」と言い換えましょう。

【用例文】

尊「賞をお受けになりました」
謙「お手紙を拝受いたしました」、「謹んでお受けします」
丁「先生の講義を受けます」

教える

相手―尊敬語
ご指導
ご教示
お教えになる

自分―謙譲語
ご案内する
お教えする

丁寧語
教えます

解説

「教える」は、目上の人が目下の人にする行為です。「ご指導・ご教示」は、「ご指導（ご教示）をたまわる」という〈尊敬語＋謙譲語〉表現でよく用います。「お教えになる」よりも敬意の高い表現となる「お教えくださる」は、自分が相手に師事する場合に限ります。

【用例文】

尊「ご指導のほど、よろしくお願いします」、「英語をお教えくださった○○先生」

謙「わたくしどもがご案内します」

思う

この部分をどうお考えになりますか。

相手ー尊敬語
お考えになる
お思いになる
思われる

自分ー謙譲語
存じ上げる
存じる(丁重語)

丁寧語
存じます
思います

解説
「思う」は、心理的な動作のため、相手に使う場合は繊細に取り扱いたいものです。「考える」の尊敬語でもある「お考えになる」は、相手に意見を求める場合に適しています。「存じる」は、もともと「存ずる」と使われていて、「〜と存ずるしだいであります」とすれば、格調の高さを表現できます。

【用例文】
尊「ご子息の成長を頼もしくお思いになったそうです」
謙「ご健勝のことと存じ上げます」

買う

相手―尊敬語

お求めになる
お買い求めになる
ご利用になる

自分―謙譲語

＊＊＊＊

丁寧語

買います

＊印の部分は敬語表現がありません。

解説

金銭に関する言葉は、婉曲な表現に言い換えるのが無難です。「買う」は、「求める」「利用する」と、「売る」は、「譲る」とします。買う＝購入するという動作は、へりくだる必要がないため謙譲語はありませんが、目上の相手とやり取りする場合は「譲って（買わせて）いただく」という言い回しにするとよいでしょう。

【用例文】

尊「そのご本は、どちらでお求めになりましたか」

丁「この品を買います」

帰る

何時に
お帰りに
なりますか。

相手―尊敬語
お帰りになる
お戻りになる

自分―謙譲語
失礼する
おいとまする
帰らせていただく

丁寧語
帰ります

解説

敬意の対象がその場から退席する場合は「お帰りになる」、帰ってくる場合は「お戻りになる」と使います。また、〈される〉〈ご～なさる〉をつけて、「帰宅される」「ご帰宅なさる」とします。「失礼する」は、「その場から立ち去る」ことの婉曲な表現で、直接的な「帰らせていただく」よりも敬意が高くなります。

【用例文】

尊「いつごろお戻りでしょうか」

謙「お先に失礼します」

丁「そろそろ帰ります」

借りる

相手―尊敬語
お借りになる

自分―謙譲語
拝借する
お借りする

丁寧語
借ります

解説

「借りる」は、目下の人が目上の人から恩恵を受けるという意味合いが含まれるため、目上の相手に用いるときは尊敬表現の〈お～になる〉をつけ、「お借りになる」とします。相手が自分から直接借りる場合には、「お使いいただく」「ご用立ていただく」など、謙譲表現の〈～いただく〉を用いて相手を立て、敬意を表します。

【用例文】

尊「本をお借りになったのですね」
謙「この場をお借りして、ごあいさつ申し上げます」

考える

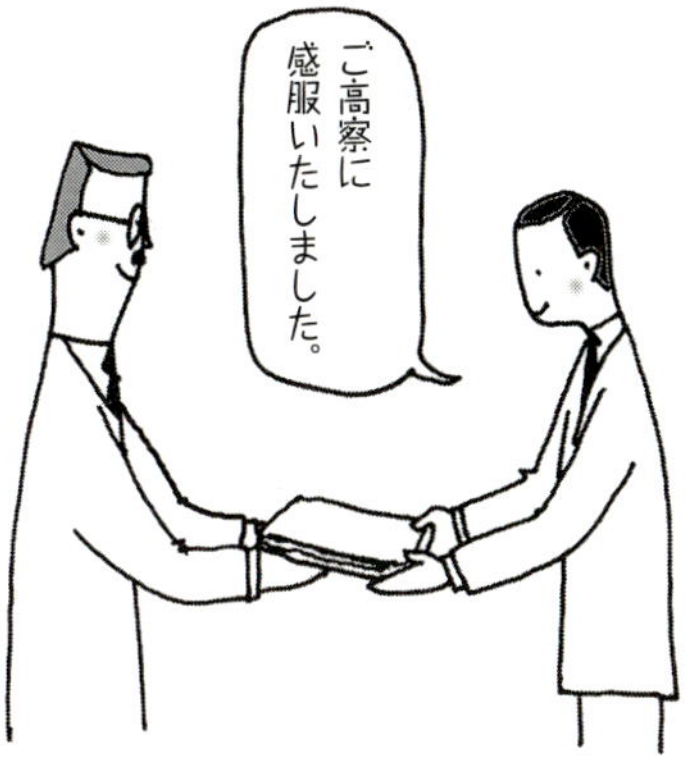

相手ー尊敬語
お考えになる
ご高察なさる

自分ー謙譲語
考えている（おります）
拝察する

丁寧語
考えます

解説

「高察」は相手がする推察の敬称で、「拝察」は相手に対してする推察をへりくだること。「考える」は、「思う」と同様に、心理的な動作であるため、相手がする「考えるという行為」と、その考えや意見自体を立てる表現にすると失礼がないでしょう。

【用例文】

尊「ご高察、おそれ入りました」

謙「わたくしは、そのように考えております」、「お喜びのことと拝察します」

丁「このテーマについて考えます」

頑張る

相手－尊敬語
ご尽力
お励みになる

自分－謙譲語
努力させていただく
努めさせていただく

丁寧語
努力します
努めます

解説

「頑張る」は、忍耐して努力するということ。目上の人に「頑張ってください」と言うのは失礼です。また、「頑張る」という言葉は幼い印象がありますので、謙譲表現では「努力する」と言い換えるとともに、〈させていただく〉をつけ足して敬意を表します。

【用例文】

尊「御校を創立された○○先生は英語教育にご尽力されました」

謙「精いっぱい、努力させていただきます」

着る

すてきなお召し物ですね。

相手ー尊敬語
お召しになる
召す
ご着用

自分ー謙譲語
着させていただく

丁寧語
着ます

解説

「お召しになる」は、「着る」の元来の尊敬語の「召す」に、〈お～になる〉がついた形です。着ているものを「お召し物」、着替えを「お召し替え」と言い換える尊敬語もあります。「着させていただく」は、相手の許可を得る場合や人からもらった衣服などを指すときに使います。

【用例文】

尊「動きやすい衣服をご着用ください」

謙「（室内などで）失礼して、ここで着させていただきます」

知る・知っている

相手—尊敬語
お知りになる
お耳に入る
ご存じ

自分—謙譲語
存じ上げる
承知する
存じる(丁重語)

丁寧語
知っています

解説

尊敬語では、知覚で情報を「知る」場合は「お知りになる」「お耳に入る」、知識として「知っている」場合は「ご存じ」、と使い分けます。謙譲語の「存じ上げる」は、「人について知っている」ことを指して用い、「うかがう」「お聞きする」を使うこともあります。

【用例文】

尊「皆さまご存じの〜」

謙「お名前はよく存じ上げております」、「それは承知のうえ〜」

丁「何も知りませんでした」

する

どうぞ、
ご試着なさって
くださいませ。

相手ー尊敬語
なさる
される

自分ー謙譲語
させていただく
いたす(丁重語)

丁寧語
します

解説

尊敬語の「なさる」は、「される」よりも敬意の高い表現。「される」が受け身と取り違えやすい語につく場合は、「なさる」を使いましょう。謙譲語の「させていただく」は、相手の許可を得てからするという意味を持つ、非常に敬意の高い表現です。

【用例文】

尊「どちらになさいますか」、「いつ、帰国されたのですか」

謙「学校説明会に参加させていただきました」

丁「拝見します」

助ける

○田△夫
なにとぞ、お力添えくださいますようお願いいたします。

相手―尊敬語
ご支援
ご援助
お力添え

自分―謙譲語
お手伝いさせていただく

丁寧語
お手伝いします

解説

「ご支援・ご援助」は、支援・援助に、尊敬表現の〈ご〉をつけた形。「助ける」という行為は、本来は目上の人が目下の人にするものです。そのため、謙譲語では「お手伝い」という婉曲な表現を用いて、目上の相手を立てるようにします。

【用例文】

尊「温かいご支援に心から感謝いたします」

謙「微力ながらお手伝いさせていただきます」

丁「お仕事、お手伝いします」

訪ねる

こんどは、お宅へおじゃましますね♪

相手―尊敬語
お訪ねになる
ご訪問になる
ご訪問なさる

自分―謙譲語
伺う
参上する
お訪ねする
おじゃまする

丁寧語
訪ねます

解説

「お訪ねになる・ご訪問になる」は、「訪ねる・訪問」に、尊敬表現の〈お（ご）〜になる〉をつけた形。〈お（ご）〜なさる〉をつけた「ご訪問なさる」は、敬意のより高い表現です。「来る」の尊敬語「お越しになる・お見えになる」を使うこともあります。「おじゃまする」は、親しい間柄で用いる謙譲表現に向いています。

【用例文】

尊「先生がご訪問になりました」
謙「急いで参上します」
丁「母校を訪ねます」

尋ねる

相手ー尊敬語
お尋ねになる
お問い合わせになる
お聞きになる

自分ー謙譲語
お伺いする
伺う
お尋ねする
お聞きする

丁寧語
尋ねます

解説

「お伺いする・伺う・お聞きする」は、「聞く」の謙譲語としても用いられます。「お聞きになる・お聞きする」の敬意は軽めで、さらに「聞く」の尊敬語・謙譲語と同じ形なので、取り違えを防ぐためにも「お尋ね・お問い合わせ」と言い換えましょう。

【用例文】

尊「お問い合わせになることをおすすめします」

謙「少々お聞きしてよろしいでしょうか」、「出願方法についてお伺いします」

食べる・飲む

どうぞ、お上がりになってください。

相手ー尊敬語
召し上がる
お上がりになる

自分ー謙譲語
頂戴《ちょうだい》する
いただく

丁寧語
いただきます
食べます

解説
尊敬語の「召し上がる」、謙譲語の「頂戴する」は敬意の高い表現です。「召す」「上がる」のみでも尊敬語となりますが、「召し上がる・お上がりになる」とした方が丁寧な印象があります。「お食べする」「お飲みする」という謙譲語はありません。決して、「お食べください」と言わないように注意しましょう。

【用例文】
尊「どうぞ、お召し上がりください」
謙「遠慮なく頂戴します」
丁「好き嫌いせず、何でも食べます」

眠る・寝る

相手―尊敬語

お休みになる
ご就寝

自分―謙譲語

休ませていただく

丁寧語

休みます
寝ます

解説

「休む」は、「眠る・寝る」の婉曲な表現で、「床《とこ》につく」「横になる」も同義です。尊敬語は〈お～になる〉、謙譲語は〈～いただく〉をつけます。また、目上の方へのあいさつは丁寧語の〈ませ〉をつけて「お休みなさいませ」とします。「お寝になる」「ご就寝する」「お眠りする」という表現は使いません。

【用例文】

尊「よくお休みになれましたか」、「ご就寝中、失礼いたします」

謙「お先に休ませていただきます」

見せる

相手―尊敬語
お示しになる
お見せになる

自分―謙譲語
ご覧に入れる
お目にかける
お見せする

丁寧語
見せます

解説

「お示しになる」は、「示す」に尊敬表現の〈お～になる〉をつけた形。「ご覧」は、見ることの尊敬語で、「～をご覧に入れる」は、「～を見せる」の謙譲語になります。「お目にかける」の「お目」は、相手の目のこと。「お見せになる」「お見せする」は、敬意は軽めです。

【用例文】

尊「模範をお示しになりました」、「姿をお見せになる」

謙「成果を挙げてご覧に入れます」、「いずれお見せします」

見る

ようこそ
いらっしゃいました。
本日は、ごゆっくり
ご覧くださいませ。

相手－尊敬語

ご高覧
ご清覧
ご覧になる

自分－謙譲語

拝見する
見せていただく

丁寧語

見ます

解説

「ご高覧・ご清覧」は、おもに招待状などの文面に用いられます。見てもらうように口頭でお願いするときは「ご覧ください」とします。「見せていただく」は、相手が一方的に見せるのではなく、「自分がお願いして見せてもらう」という言い回しで敬意を表しています。

【用例文】

尊「ご高覧のほど、お願い申し上げます」
謙「傑作を見せていただきました」
丁「子どもの様子を見ます」

持ってくる

こんな
おもしろい本を
お持ちしたのよ。

相手―尊敬語
お持ちになる

自分―謙譲語
お持ちする
持参する

丁寧語
持ってきます

解説

「お持ちになる」は、「持つ」に尊敬表現の〈お～になる〉をつけて、相手の動作を高めています。「持参する」の「持参」は、謙譲の意を含んでいます。相手に持ってくるようお願いする場合は、「お持ちください」を使いましょう。「ご持参ください」は丁寧に聞こえますが、本来の使い方からすれば使わないほうが無難です。

【用例文】

尊「このご本は先生がお持ちになりました」

謙「必ず持参いたします」

もらう

相手―尊敬語
ご笑納
お納めになる
お受け取りになる

自分―謙譲語
頂戴する
いただく
拝受する

丁寧語
もらいます

解説
「笑納」は、「大したものではないですが、笑ってお受け取りください」という謙遜の意味があり、目上の人に贈るときは尊敬表現の〈ご〉をつけて「ご笑納」とします。「お納めになる」「お受け取りになる」は、与える立場にある目上の人を立てた婉曲な表現です。

【用例文】
尊「ご笑納いただければ幸いです」、「お納めになってください」
謙「貴重な資料を頂戴しました」
丁「父からもらいました」

読む

相手―尊敬語
お読みになる

自分―謙譲語
拝読する
読ませていただく

丁寧語
読みます

解説

「お読みになる」は、尊敬表現の〈お～になる〉をつけ足した形。「拝読する」は、「読ませていただく」よりも敬意の高い謙譲語です。「拝」は、謙譲の意味を表す接頭語で、よく使われるフレーズとしては、拝読のほか、拝見、拝借、拝聴、手紙に用いる拝啓・拝復などがあります。

【用例文】

尊「先生がお読みになります」
謙「先生のご著書を何冊か拝読いたしました」
丁「子どもが読みます」

許す

以後、
気をつけます。
今回だけは
ご容赦ください。

相手ー尊敬語
ご容赦《ようしゃ》
お許しになる
ご寛容

自分ー謙譲語
＊＊＊＊

丁寧語
＊＊＊＊

＊印の部分は敬語表現がありません。

解説

「ご容赦」は、「容赦」に尊敬表現の〈ご〉をつけた形で、「ご容赦ください」と、許しを願う言い回しで用います。「お許しになる」は、「許す」に尊敬表現の〈お～になる〉をつけた形です。「許す」は、相手がする行為なので、適当な謙譲語はありません。相手から返答を求められた場合には、「差し支《つか》えございません」などの言い回しをしましょう。

【用例文】

尊「お許しになってください」、「ご寛容な処置をお願いいたします」

わかる

相手―尊敬語
ご理解
ご承知
ご了承
ご了解
おわかりになる

自分―謙譲語
かしこまる
承《うけたまわ》る

丁寧語
わかります

解説

目上の人に、「わかりましたか」などと尋ねるのは失礼なことです。「ご理解いただけましたでしょうか」というように、謙譲語の〈いただく〉や、〈～でしょうか〉を用いた婉曲な表現にします。「かしこまる」は、謹んで受けるという意味がある敬意の高い表現です。

【用例文】

尊「こちらの事情をご理解いただけないでしょうか」、「おわかりになったご様子です」

謙「謹んで承ります」

面接で

よく使う敬語のポイント

面接では、つい焦りがちになり、おかしな敬語を使ってしまうことも。間違えやすい例と正しい例を比べてみましょう。

いらっしゃる

× 夫の父は外務省に勤めて**いらっしゃい**ます。

○ 父方の祖父は外務省に勤めて**おり**ます。

「いらっしゃる」は、「いる」、「行く」、「来る」、「〜である」の尊敬語です。ご家族の中に偉大な人物がいても尊敬表現で相手に紹介することは、避けましょう。この場合、○の文のように「おる」という謙譲語を使います。また、受験の際は、子どもから見た続柄で話しましょう。

おる

× 夏休みの家族旅行を楽しみにして**い**ます。

○ 夏休みの家族旅行を楽しみにして**おり**ます。

「おる」は「いる」の謙譲語Ⅱ（丁重語）です。「しています」よりは「しております」の方が、相手に自分の側の行為を礼儀正しく伝えることができます。「おる」は丁寧語の「ます」とセットで「おります」の形で使うほか、「〜（し）ております」の形で動詞とセットで使うこともあります。

お（ご）〜いたす

× 学校説明会でA先生が**お話しいたし**ました。
○ 学校説明会でA先生が**お話しなさい**ました。

「お（ご）〜いたす」は、自分の動作に「お・ご」をつけて敬意を表す謙譲語Ⅰです。×の例文は、謙譲語と尊敬語を取り違えた誤った文章です。相手には、「する」の尊敬語「なさる」を使って○の文のようにするか、または「言う」の尊敬語「おっしゃる」を使って「おっしゃいました」とします。自分の動作に使うときは、「ご紹介いたします」、または謙譲語Ⅱ（丁重語）で「わたくしがお話しいたします」などと用います。

お（ご）〜いただく

× **ご指導していただいて**おります。
○ **ご指導いただいて**おります。

「お（ご）〜いただく」は、「相手に何かをしてもらう」という意味合いのある謙譲語です。「〜」には相手の動作を表す言葉が入り、その言葉に「お・ご」の接頭語をつけて敬意を表します。×の例文は、相手の動作に「〜して」の謙譲表現「ご〜する」をつけてしまったために生じた誤用です。なお、自分側が相手に依頼をする場合は「〜いただけませんでしょうか」と伝えれば、敬意の高い言い回しになります。

お(ご)～くださる

× 自分のことのように**お喜びいただき**ました。

○ 自分のことのように**お喜びください**ました。

「お(ご)～くださる」は、「相手が自分に何かをしてくれる」という意味を持った尊敬語です。×の例文は、相手の動作に尊敬表現の「お・ご」をつけて敬意を表したのはよいのですが、謙譲表現の「いただく」が相手の動作にかかってしまっているため、自分側を立てている印象があります。感謝の意を伝えるときは「ご配慮くださり～」、お願いをするときは「ご協力くださいますよう～」などと用います。

お(ご)～なさる

× 卒業生は海外でも**ご活躍になさって**います。

○ 卒業生は海外でも**ご活躍なさって**います。

「お(ご)～なさる」は、「する」の尊敬語で、相手の動作に「お・ご」をつけて敬意を表します。×の例文は、尊敬語では比較的使われることの多い「お(ご)～になる」と混同した、間違いです。「なさる」は、「～なさるそうですね」「どちらになさいますか」など、おもに相手の行為を立てるときに使います。「お黙りなさい」「お休みなさい」などには敬意がなく、命令形になってしまうので目上の人には使えません。

存じ上げる

× すでに**ご存じ上げ**のことと思いますが…。
○ すでに**ご存じ**のことと思いますが…。

「存じ上げる」は、「思う」「知っている」の謙譲語です。人物や事柄を話題にするときに用いる言葉ですが、「思う」は「存じ上げます」、「知っている」は「存じ上げております」と使い分けます。×の例文は、尊敬語の「ご存じ」と謙譲語の「存じ上げる」が混在しているため、誤りです。尊敬語では、「お耳に入る」と言い換えることもできます。なお、謙譲語Ⅱ（丁重語）では「存じる」となり、取り違えないよう注意しましょう。

～てあげる（さし上げる）

× 先生、娘に教え**てあげて**ください。
○ 先生、娘に教え**てやって**ください。

「～てあげる（さし上げる）」は、「相手に何かをしてやる」ときに用いる婉曲な謙譲表現です。ただし、両者の関係が対等以下かつ親しい者でないと失礼な言い方になってしまうので注意が必要です。×の例文は、教える立場にある「先生」が、生徒である「娘」に対してへりくだる表現になってしまいます。正しくは○の文のように「やる」を使いましょう。逆に先生がする行為の場合は「先生が教えてあげます」となります。

申す

× 父親が子どもたちにそう**申し上げました。**

○ 父親が子どもたちにそう**申しました。**

「申す」は「言う」の謙譲語Ⅱ（丁重語）で、○の例文では「父親が子どもたちに言いました」を丁寧に表現しています。話を聞いている相手が敬意の対象となるので、自分の動作についても使うことができます。しかし、×の例文は、謙譲語Ⅰ「申し上げる」を用いることにより、聞き手よりも子どもが敬意の対象となってしまったというわけです。不要な謙譲語は無礼なので、謙譲語ⅠとⅡを使う表現は注意を要します。

〜れる・〜られる

× と言って、園の先生がほめ**られました。**

○ と言って、園の先生がおほめ**くださいました。**

「〜れる・〜られる」は、相手がする動作につけて敬意を表す尊敬語ですが、言葉によっては「〜できる」や「〜される」と同じ形になって意味が取り違えられるおそれもあります。×の例文は、「先生が子どもをほめた」という意味で使ったつもりでも、「先生が誰かにほめられた」と取られかねない表現です。「相手が何かをしてくれた」ということであるなら54ページの「お（ご）〜くださる」を使い、○の文のようにしましょう。

3 正しい表現と漢字を覚える

願書の内容がよくても、文章表現に誤りや誤字があれば学校側に与える印象はよくありません。言葉を正しく使うことは、願書を書く際に役立ちます。

お受験事件簿

表現と漢字編

一役買う
コンビニ行くの？
弱音を吐く
パパ！
バケツバケツ
予断を許さない
頭ごなしに叱りますよ！
ヨダンて誰？

願書で 誤りやすい用字用語・慣用句

日常よく使っている言葉や言い回しも、じつは意味を理解せずに使っていることもあります。正確な意味を知りましょう。

言葉を取り違えがちな用語

× 愛想《あいそ》をふりまく

○ 愛嬌《あいきょう》をふりまく

相手を喜ばせるように明るくにこやかにふるまうこと。かわいらしく好感がもてるさま。

【用例文】愛嬌をふりまく娘の姿に元気づけられています。

× 頭越しに叱《しか》りつける

○ 頭ごなしに叱りつける

相手の言い分を聞かずに最初からがみがみ言うこと。

【用例文】頭ごなしに叱りつけたことを反省しています。

× 後にも先にも引けず

○ 後へも先へも行かぬ

進退きわまって、どうすることもできない、の意。

【用例文】後へも先へも行かぬトラブルにも、強い心で立ち向かってほしいと思っています。

× 怒り心頭に達する

○ 怒り心頭に発する

激しく怒ること。

【用例文】理不尽な扱いを受け、怒り心頭に発しました。

× 笑顔がこぼれる

○ 笑みがこぼれる

笑うこと、微笑を浮かべる。

【用例文】元気に遊ぶ息子を見て、思わず笑みがこぼれます。

× 押しも押されぬ
○ 押しも押されもせぬ
争う余地のない、ゆるぎない、れっきとした、の意。

【用例文】御校は、押しも押されもせぬ実力校として、その名をはせています。

× 脚光を集める
○ 脚光を浴びる
世間の注目の的になる。

【用例文】バレエの発表会で脚光を浴びたことが自信につながりました。

× 教鞭《きょうべん》を振るう
○ 教鞭を執《と》る
「教鞭」は、教師が授業のときに黒板を指し示すために用いるむち。転じて、教職につく、の意。

【用例文】母方の祖父は、大学で考古学の教鞭を執っています。

× 古式ゆたかに(な)
○ 古式ゆかしく(い)
昔のことがしのばれるような、伝統を重んじた上品な様子。

【用例文】学校行事が古式ゆかしく執り行われました。

× 食欲が進む
○ 食欲が出る
食べたいと思う欲が生じること。〈食が進む―たくさん食べられるの意〉と混同した誤り。

【用例文】秋風が吹き始める頃、ようやく食欲が出てきました。

× 体調をこわす
○ 体調を崩す
体の調子が悪くなる、病気になること。

【用例文】体調を崩しがちな弟をいたわる兄に成長しました。

× 二の舞いを繰り返す
○ 二の舞いを演じる
他人の失敗を見て、知っているにもかかわらず、自分も同じ失敗を繰り返すこと。
【用例文】前日の二の舞いを演じないよう、一生懸命練習します。

× 熱にうなされる
○ 熱に浮かされる
①高熱のために意識が正常でなくなること。②前後を忘れて夢中になること、の意。
【用例文】熱に浮かされていて、親の忠告など耳に入らない様子でした（②の意味の文）。

× 念頭に入れる
○ 念頭に置く
常に心に留めておくこと。
【用例文】ほかの人を思いやることを念頭に置いて、行動できる人間であってほしいと願っております。

× 拍手が巻き起こる
○ 拍手が沸き起こる
「沸き起こる」は、物事が勢いよく現れ出る、の意。
【用例文】客席から沸き起こった拍手に胸が熱くなりました。

× バランスが逆転する
○ バランスが崩れる
「バランス」は、均衡・つり合い、の意なので「逆転」はしない。
【用例文】栄養のバランスが崩れないよう食事に注意します。

× 一役働く
○ 一役買う
進んで一つの役目を引き受ける

こと。〈一働き―しばらくの間、気を入れて働くこと、の意〉と混同した誤り。

【用例文】お友達の仲直りに一役買ったと伺っております。

× 的を得る

○ 的を射る

うまく目標にあてること。転じて、物事の要点を確実にとらえる、の意。

【用例文】時折、的を射た発言をして、わたくしどもを驚かせることがあります。

× 見かけ倒れ

○ 見かけ倒し

外見は立派だが、内容が劣ること。

【用例文】見かけ倒しの実力。

× 目鼻が利く

○ 目端が利く

機転が利き、適切に対処できる。

【用例文】目端が利くところもあり、リーダーの素質を感じます。

× 油断を許さない

○ 予断を許さない

予測不可能である、の意。

【用例文】予断を許さない試合展開ではらはらさせられました。

× 弱気を吐く

○ 弱音を吐く

意気地のない言葉を言う。

【用例文】弱音を吐かずにやり遂げる根性があります。

× 溜飲を晴らす

○ 溜飲を下げる

不満などを解消し、気を晴らす。

【用例文】徒競走で初めて1等になり、溜飲を下げたようです。

いい薬

効果があるよい薬のことではなく、辛くてもあとになってよい教訓となる事柄。

【用例文】少々自信過剰になっていたので、そのときの失敗はいい薬になったようです。

潔しとしない

自分がかかわる事柄について、自分の良心やプライドから受け入れがたいさま。

【用例文】ベストを尽くさず負けることを潔しとしない。

一姫二太郎

子を持つなら最初は女子、2番目は男子が育てやすくてよいというたとえ。娘1人に息子2人とする解釈は誤り。

【用例文】我が家は一姫二太郎だったためか、育児が楽でした。

おざなり

その場をつくろい、いい加減にすますこと。混同しやすい〈なおざり〉は、注意を払わず、いい加減にして放っておくこと。

【用例文】おざなりな態度には厳しく接しています。

教え子

教師側に立った語なので、生徒側から言うのは誤り。

【用例文】Aは私が勤務していた小学校時代の教え子です。

押っ取り刀

即座に行動するさま。「おっとり」という言葉の音から、「ゆっくり」と解釈するのは誤り。

【用例文】園からの知らせを受けて押っ取り刀で駆けつけました。

気が置けない

気遣いしなくてよい、の意。油断できず気を許せないという解釈は誤り。

【用例文】小学校から大学まで、気が置けない友人に囲まれてのびのびと育つ。

私淑《ししゅく》

直接師事しないが、著作などを通じ師として慕い、学ぶこと。

【用例文】『福翁自伝』を拝読して以来、福澤諭吉先生に私淑しております。

流れに棹《さお》さす

物事が順調に進むこと。「流れを止める」「流れに逆らう」と解釈するのは誤り。

【用例文】流れに棹さすように、苦手だったお絵描きが上達していきました。

憮然《ぶぜん》

がっかりしたさま。不満であると解釈するのは誤り。

【用例文】楽しみにしていた運動会が中止になったときは、憮然とした表情を浮かべていました。

耳ざわり

聞いていていやな感じがし、気にさわること。「耳ざわりがよい」は、〈肌ざわりがよい〉と混同した誤り。

【用例文】雑音が耳ざわりだ。

役不足

本来、役者が自分の役に不満を抱くことだが、本人の実力に比べて役目が軽すぎること。「力不足―役目を果たすだけの実力がない」の意味で使うのは誤り。

【用例文】彼には役不足で失礼だ。

同音異義語・同訓異義語

パソコンで文章を下書きし、それを願書に丸写しすると誤字があっても気づかないものです。混同しやすい使用例を紹介します。

あたたかい	気持ちの温かい大人になってほしいです。	暖かい季節に生まれました。
あやまる	素直に謝る気持ちが大事です。	判断を誤りました。
いがい	意外によくできていました。	詫びる以外に方法はありません。
いし	意志の強い子です。	友達と意思の疎通を図って行動するのが得意です。
いちり	長男の言い分にも一理ありました。	百害あって一利なし。
いどう	人事異動で単身赴任しています。	バスで移動中の出来事でした。
うむ	よい結果を生むには、努力あるのみです。	飼っていた鳥が卵を産みました。
おう	元気すぎて手に負えません。	ようやく身長も友達に追いつきました。
がいこう	外向的で陽気な性格。	祖父は外交官です。
かいほう	悩みから解放されました。	開放的な性格です。
かえる	お家に帰る。	迷ったときは原点に返って考える。
かんしん	昆虫に関心を持っています。	よく我慢したと感心しました。
きょうそう	徒競走で1等を取りました。	よい競争相手を見つけてほしいです。
こたえる	質問に答えてください。	優しい笑顔で応えてくださいました。
しゅうりょう	予定どおり終了しました。	大学院で博士課程を修了。

じりつ	自立した女性になってほしいと願っております。	自由と自律を重んじる教育。	
しんちょう	意味深長な発言。	慎重に考えてから行動する。	
そうぞう	子どもの未来を想像する。	創造性豊かな子どもです。	
たんきゅう	探求心が芽生えているようです。	学問を探究する職業に就く。	
ついきゅう	理想を追求する生き方。	責任を追及する。	真理を追究する。
つとめる	好き嫌いをなくすよう努めます。	外務省に勤めています。	会長を務めています。
てきかく	感じたことを的確に言い表します。	指導者として適格だと存じます。	
どうし	きょうだい同士で力を合わせています。	同志を慕っています。	
ととのう	入学準備が整いました。	入学金が調いました。	
のばす	個性を伸ばす教育方針。	面接日を延ばすことはできません。	
のぼる	階段を上ります。	山に登りました。	エレベーターで昇ります。
ふしん	不信感を持ちました。	不審者から身を守りましょう。	食欲不振。
へいこう	議論が平行線をたどったままでした。	物事を並行して行う感覚に優れています。	
めいかい	質問には明快に答えることが肝心です。	誰もが納得する明解な注釈でした。	
ようい	入学願書を用意しました。	ここまでの道のりは容易ではありませんでした。	

書き間違えやすい漢字

書くときに迷ってしまう漢字、見た目は似ているけれど、よく見たら違っている漢字の例をここでは紹介しています。注意しましょう。

誤	正	誤	正
気真面目	生真面目《きまじめ》	青二歳	青二才《あおにさい》
肝に命ずる	肝《きも》に銘《めい》ずる	圧観	圧巻《あっかん》
逆点	逆転《ぎゃくてん》	後仕末	後始末《あとしまつ》
興味深深	興味津津《きょうみしんしん》	油汗	脂汗《あぶらあせ》
結着	決着《けっちゃく》	案の上	案《あん》の定《じょう》
好学心	向学心《こうがくしん》	異和感	違和感《いわかん》
ご思	ご恩《おん》	多勢の人	大勢《おおぜい》の人
ご鞭達	ご鞭撻《べんたつ》	憶病	臆病《おくびょう》
個有	固有《こゆう》	感違い	勘違《かんちが》い
裁倍	栽培《さいばい》	完壁	完璧《かんぺき》
散慢	散漫《さんまん》	気遅れ	気後《きおく》れ
俊鋭	俊英《しゅんえい》	気嫌	機嫌《きげん》
純心	純真《じゅんしん》	気張面	几帳面《きちょうめん》
招介	紹介《しょうかい》	機分	気分《きぶん》

誤	正	誤	正
灯台元暗し	灯台下暗《とうだいもとくら》し	新訳聖書	新約聖書《しんやくせいしょ》
貧欲	貪欲《どんよく》	成積	成績《せいせき》
中ば	半《なか》ば	是が否でも	是《ぜ》が非《ひ》でも
日常茶飯時	日常茶飯事《にちじょうさはんじ》	絶対絶命	絶体絶命《ぜったいぜつめい》
脳力	能力《のうりょく》	全国征覇	全国制覇《ぜんこくせいは》
発詳	発祥《はっしょう》	千歳一偶	千載一遇《せんざいいちぐう》
平行感覚	平衡感覚《へいこうかんかく》	全腹	全幅《ぜんぷく》
訪門	訪問《ほうもん》	専問	専門《せんもん》
抱擁力	包容力《ほうようりょく》	卒先	率先《そっせん》
真近	間近《まぢか》	大気晩生	大器晩成《たいきばんせい》
美事	見事《みごと》	単的	端的《たんてき》
優秀の美	有終《ゆうしゅう》の美《び》	短答直入	単刀直入《たんとうちょくにゅう》
余断	予断《よだん》	(人生の)転期	(人生の)転機《てんき》
履習	履修《りしゅう》	典形的	典型的《てんけいてき》

4 短所を長所に言い換える

子どもの個性はさまざま。親から見るとマイナスのイメージでも、言い換え一つで長所に変えられるもの。先生方に与える印象は随分違ってきます。

お受験事件簿

言い換え編

そうだ!
子どもでなく
まず自分に
置き換えて
練習してみよう
ポンッ
おおらかなのに
感受性が豊か
落ち着きがあり
粘り強い
がさつなくせに
すぐ泣く
地味なのに
しつこい
あ〜〜
自分が
嫌いになりそう

飽きっぽい・気分屋

物事に集中して取り組めず、気分で行動しがちです。

↓ 言い換えると… ↓

ここをアピール

好奇心が旺盛なので、新しいことに興味を持ち、それに挑戦します。

ここをアピール 言い換え表現

- 好奇心旺盛
- 頭の回転が速い
- 気持ちの切り替えがスムーズ
- 新しいことに挑戦するのが好き

上記の表現を使った例文です。

例文1 いろいろなことに興味を持ち、「やってみたい」という好奇心旺盛なところがあります。

例文2 ほめられても叱《しか》られても、長く引きずることなく、気持ちを切り替えて物事に取り組むことができます。

例文3 成功しても失敗しても、次に何をしようか、何をすればよいかということを判断できる頭の回転の速さがあります。

言い換えのポイントは？

性格が飽きっぽい、気分屋である場合、一つのことに集中できない、熱しやすく冷めやすいと言われる傾向があります。しかし裏を返せば、エネルギッシュで、新しい物事に対して興味が持てるというよさがあります。願書では、どんなふうに好奇心旺盛なのか、どんなときに子どもらしい発想の切り換えをするのかがより具体的に伝わるエピソードを書いて、「この子は気分屋なのかな」という印象を先生方に与えずに、プラス面としてとらえていただきましょう。

諦めが悪い

何度失敗してもやめず、気持ちを切り替えられません。

ここをアピール　言い換え表現

- **やり始めたことは、最後まで諦めない**
- **粘り強い**
- **努力家**
- **負けず嫌い**
- **向上心がある**

上記の表現を使った例文です。

例文1 自分が目標としたことをやり遂げるまで取り組む、最後まで諦めない粘り強い性格です。

例文2 自分ができないことがあれば、ひたすら努力をしてできるようになりたいという負けず嫌いな一面があります。

努力する姿勢は大切ですね。

言い換えのポイント

何度でも挑戦することが「諦めが悪い」と見なされる場合もあります。ただ、自分の夢に向かって努力する姿は評価されるので、実生活で成し遂げたことを詳しく説明しましょう。

意志が弱い

困難にぶつかるとすぐにくじけてしまいます。

ここをアピール 言い換え表現

- 協調性がある
- 柔軟性がある
- 周りに合わせて行動できる
- 柔らかい思考の持ち主

上記の表現を使った例文です。

例文1 自分の我を押し通さず、お友達のお話をよく聞いて、周りに合わせることができます。

例文2 相手の言うことを受け入れたうえで、自分の思いと合わせて判断できる柔軟性を持っています。

お友達がたくさんできますね。

言い換えのポイント

言い換え表現を用いるだけでなく、はっきりと自分の意志があることを示したうえで、相手を受け入れる寛容さと自分の考えを見直せる柔軟性もあることを述べます。

大ざっぱ・ずぼら

物事を深く考えず、無責任なところがあります。

ここをアピール **言い換え表現**

- **おおらか**
- **度量が大きい**
- **細かいことにこだわらない**

上記の表現を使った例文です。

例文1 自分が遊んでいるおもちゃを、弟がとってしまっても動じないおおらかさがあります。

例文2 子ども同士でケンカになってもその場限りであまり気にせず、すぐ仲直りすることができます。

包容力がありますね。

言い換えのポイント

細部にこだわらず、全体を大きくとらえることができる能力は、困難にぶつかったときでも落ち着いて乗り越えることができます。そのような行動例を挙げてまとめてみましょう。

臆病・おとなしい

物怖じしがちで、積極性に欠ける面があります。

ここをアピール 言い換え表現

- 慎重
- 控えめ
- 人の意見を聞く
- 思慮深い

上記の表現を使った例文です。

例文1 いろいろな場面を考慮することができる慎重さがあります。

例文2 相手が言っていることを理解するまで、じっくり聞くという姿勢があります。

聞く力を伸ばしてあげましょう。

言い換えのポイント

願書では慎重な面をアピールできても、面接では短所が前面に出てしまうことも。その場合、人の話を静かに聞ける控えめな面をアピールできる機会だと思って臨みましょう。

怒りっぽい・気が短い

気に入らないことがあるとすぐに口答えをします。

ここをアピール 言い換え表現

- 熱意がある
- 思ったことを主張できる
- 一生懸命になる
- いろいろなことによく気がつく
- 決断が早い

上記の表現を使った例文です。

例文1 自分の思ったことを主張できるので、やりたいことへの熱意が伝えられる子だと思います。

例文2 一生懸命物事に取り組むことができる姿勢がありますので、ささいなことにもよく気づき、決断も早いです。

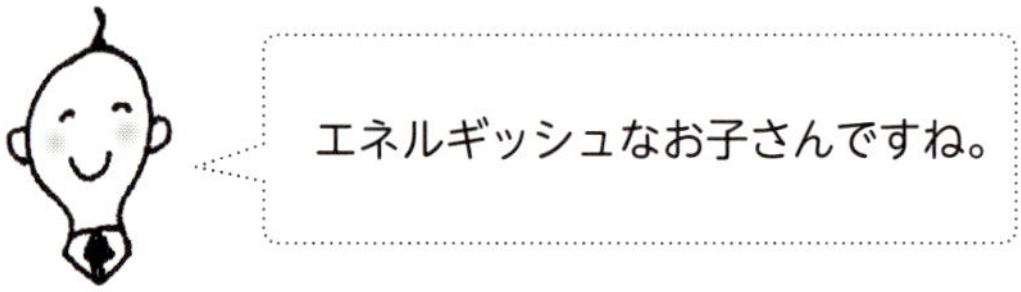
エネルギッシュなお子さんですね。

言い換えのポイント

何事にも真剣に取り組む姿勢があることをわかってもらったうえで、納得できないことや気がついたことに対しては、意見を主張する強さと決断力があることを伝えます。

お人よし

気がよくて、お友達に利用されてしまうこともあります。

ここをアピール 言い換え表現

- 思いやりがある
- 優しい
- 世話好き
- 争いを好まない
- 人を受け入れられる

上記の表現を使った例文です。

例文1 元気のないお友達には優しく声をかけることができる思いやりと、1人で遊んでいる子を輪の中に連れてくるといった世話好きな面があります。

例文2 相手と意見が違っても言い負かさず、耳を傾けるようにし、争いを好みません。

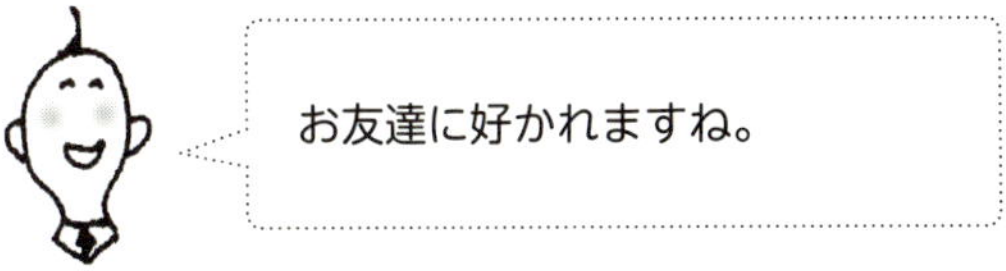
お友達に好かれますね。

言い換えのポイント

「お人よし」が悪いわけではありませんが、利用されやすい子であるような印象を与えてしまいます。人の面倒を見る余裕と優しさが備わっていることを伝えるようにしましょう。

頑固・融通がきかない

我が強く、自分の考えを無理にでも通そうとします。

ここをアピール 言い換え表現

- 意思表示ができる
- 意思がはっきりしている
- 人の意見に流されない
- こだわりがある
- 決めたことを貫き通す

上記の表現を使った例文です。

例文1 意思がはっきりしていて、ときに周りの意見が耳に入らないことがあるようです。自分の意見をしっかり伝えることができますが、同時に周りの意見を聞く大切さも学んでほしいと考えております。

例文2 遊びでも習い事でも自分なりのこだわりを持って取り組んでいるため、自分でこうすると決めたことを貫き通す強さがあります。

言い換えのポイント

はっきりした意思とこだわりがあることは長所ですが、できるだけ話を聞く機会を設けて、相手の立場を考えることができるようにしていることもつけ加えるとよいでしょう。

気が弱い

自分からは話しかけられない、気が弱いところがあります。

ここをアピール 言い換え表現

- 気持ちが優しい
- 人の意見を受け入れる
- 相手に合わせることができる

上記の表現を使った例文です。

例文1 人にはそれぞれの考えがあるということをわかっているため、受け入れる優しさを持っています。

例文2 お友達と仲よくするようにと育てているので、誰に対しても優しく接しているようです。

気持ちが優しいお子さんですね。

言い換えのポイント

相手に合わせられる優しさを弱さととられないようにします。相手の意見を尊重するのも大切であることを教えている、と家庭の教育方針と併せて紹介するのもよいですね。

くどい・しつこい

ここをアピール 言い換え表現

- 根気がある
- 粘り強い
- 丁寧に説明する
- 最後までやり通す

上記の表現を使った例文です。

例文1 3歳から始めたピアノでは、つまずいたところがあると、できるまで粘り強く練習する根気強さを持っています。

例文2 一緒にクッキーを作るときには、何度も何度も丁寧に型をとり、焼き上がるまで自分の作ったものをチェックし、最後まで責任を持ってやり遂げます。

例文3 自分のやりたいことなどを、相手に理解してもらえるよう何度でも丁寧に説明することができます。

言い換えのポイント

今まで続けてきたこと、習っていることなどの中から、丁寧さと根気強さを持って取り組んだことがわかるエピソードを交えて表現します。一番頑張ったことは何か考えてみましょう。

暗い・地味

行動に陰気さが感じられます。

ここをアピール 言い換え表現

- 落ち着きがある
- 静か
- 真面目
- 一つのことに集中できる
- 自分の世界を持っている

上記の表現を使った例文です。

例文1 周りの子が騒いでいても、静かに落ち着いて順番を待っていることができます。

例文2 病院の待合室などで1人で静かに絵本を読んでいたり、真面目に先生のお話を聞いたりすることができます。

例文3 大好きなブロックや積み木で、さまざまな形のお家や乗り物を黙々と作り続けるなど、一つのことに集中できる性格です。

言い換えのポイント

性格が地味だと雰囲気にも出てしまう場合があります。言い換え表現を使って、おとなしく待っていられること、真面目に取り組む姿勢があることを面接でアピールします。

自己主張が強い

誰に対しても遠慮なくずけずけ言います。

ここをアピール 言い換え表現

- **自分の意見がはっきりしている**
- **思ったことを言葉で言える**
- **自信がある**
- **臆さずに意見が言える**

上記の表現を使った例文です。

例文1 自分自身の考えがはっきりしているため、思ったことをすぐに実行できます。

例文2 自分が正しいと思ったこと、やりたいと思ったことは自信を持って言葉で伝えることができます。

リーダーシップがとれるお子さんですね。

言い換えのポイント

自己主張をし過ぎると、口だけが達者な子なのではというイメージを持たれてしまいます。願書でも面接でも自分の思いを言うことができるだけでなく、実行力があることも伝えます。

自分勝手・わがまま

ここをアピール 言い換え表現

- マイペース
- 自分の意見や好みがはっきりしている
- 個性的
- 個性を発揮する
- 最後まで自分の意志を通す

上記の表現を使った例文です。

例文1 人に惑わされることなく、自分の思う道を進むことができるマイペースなところがあります。

例文2 好きな本や動物など何が好みかを言える自分らしさを持っています。

例文3 仲のよいお友達だけでなく、初めてのお友達の中でも自分の意見をはっきりと言えます。

例文4 自分は何が得意であるかをわかっており、個性を発揮することができます。

例文5 なかなかうまくいかないことがあっても、最後まで自分の意志を曲げずに頑張ります。

言い換えのポイント

自分の意志を通すこと、意見や好みがはっきりしていることが「わがまま」と映らないよう、何を頑張ってやり遂げたか、それがどんなことに生かされたかを踏まえて表現します。

社交性がない

ここをアピール 言い換え表現

- 自立心がある
- 人の行動が気にならない
- 人に左右されない
- １人で行動できる
- 人に頼らない

上記の表現を使った例文です。

例文1 お友達が急いでいても、あわてずに着替えたり、お片づけが済んでから次の行動に移ったりするなど、人に左右されず、すべきことを１人で行えます。

例文2 お友達と遊具の取り合いをせず、違う遊びを選ぶなど周りに左右されない行動力があります。

人に迎合しない自立心を持っているようですね。

言い換えのポイント

１人で何でもできる、ということをアピールしましょう。きちんとした生活習慣が身についていることはアピールポイントになりますので、何ができるかを具体的にまとめます。

神経質

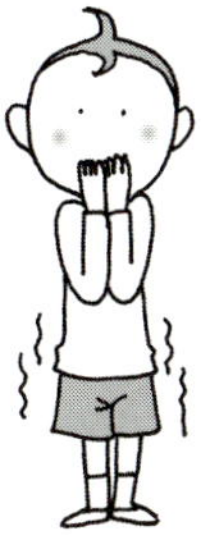

変化にとまどい、すぐに適応できません。

ここをアピール 言い換え表現

- 感受性が強い
- 繊細
- 敏感
- 細かいことやいろいろなことによく気がつく

上記の表現を使った例文です。

例文1 物語の中のことでも、自分のことのようにとらえ、うれしい顔をしたり、悲しい顔をしたりするなど、感受性が強い一面があります。

例文2 親やお友達にいつもと違う言動があると、敏感に感じ取る繊細さがあります。

想像力が豊かです。

言い換えのポイント

人より感じやすい性格であることが、情緒的に不安定であるというふうにとられないように、細かいことによく気がつく敏感さと感受性が備わっていることが伝わるようにします。

ずうずうしい

誰に対しても遠慮がありません。

ここをアピール 言い換え表現

- 人見知りしない
- 度胸がある
- 思ったことを素直に表現できる
- 物怖じしない
- 積極的

上記の表現を使った例文です。

例文1 初めて会う親戚などに対しても人見知りせず、自分からあいさつをしたり、「○○が食べたい」など、思ったことを言える度胸があります。

例文2 仲よくなりたいお友達がいるとすぐに自分から声をかけるなど、とても積極的です。

例文3 何にでも意欲を示し、初めての場でも物怖じせず、思ったことや感じたことを表現できます。

言い換えのポイント

人見知りせずに堂々としている様子を、言い換え表現と独自の体験談を盛り込んで願書に記入します。考査や面接では力を発揮できる性格ですので、自信を持って臨みましょう。

せっかち

物事の先を急いで、落ち着きがありません。

ここをアピール 言い換え表現

- 行動力があり意欲的
- すぐ行動に移す
- 物事に意欲的
- 決断が早い
- 行動が迅速

上記の表現を使った例文です。

例文1 物事にすぐに取りかかろうという意欲的な面があります。

例文2 スピードを求められるときは行動が迅速なためよいのですが、どうしても落ち着いて取り組めないときがありますので、丁寧にゆっくり行うことの大切さも言い聞かせております。

好奇心が旺盛ですね。

言い換えのポイント

「せっかち」も度が過ぎると落ち着きのない子に見えてしまいます。行動力があること、決断が早いことと ともに、ゆっくり取り組むよさも学んでいることを併せて述べます。

頼りない

会話をしていても手ごたえがありません。

ここをアピール 言い換え表現

- 温和な人柄
- 優しい
- 素直

上記の表現を使った例文です。

例文1 両親の話を素直に聞くことのできる子です。

例文2 幼稚園では優しい性格なので、お友達から好かれているようです。

例文3 主張がないように見えますが、物事にこだわらない温和な性格です。

優しい部分を伸ばしてあげてください。

言い換えのポイント

優しさと頼りなさは、判別がつきにくいところがあります。優しい気持ちを持った素直な子であり、集団生活を送るうえでも問題のないことを伝えましょう。

だらしない

すぐにへこたれてしまい、しまりがありません。

ここをアピール 言い換え表現

- おおらか
- 細かいことにこだわらない
- 執着しない

上記の表現を使った例文です。

例文1 細かいことにこだわらないので、周りを見て、最終的によい方向へ持っていくためには、どうするかを考えることも必要だと教えています。

例文2 いつまでもしつこく泣いてねだるようなことはなく、物事にあまり執着しないようです。

例文3 おおらかで周囲が散らかっていても気にならないようなときもあり、次のことや状況を考えての行動に結びつくよう自覚を促しています。

言い換えのポイント

言い換え表現を用いて性格をまとめ、けじめをつけることができないと思われないよう注意します。また、それが苦手であっても克服できるように導いていることも述べましょう。

人見知り

見慣れない人を嫌い、対人関係が苦手なようです。

↓ 言い換えると… ↓

ここをアピール

照れ屋なので、初めて会った人に内気な印象を与えますが、仲よくなればとても信頼されます。

性格編

ここをアピール 言い換え表現

- 冷静
- 慎重
- 内気／照れ屋
- 感受性が豊か／敏感
- 周りを観察する／観察力がある

上記の表現を使った例文です。

例文1 初めて出会う人や物事に対して、慎重に接したり、照れたりします。

例文2 初めての場では、はしゃがず、冷静に周りを見ています。

冷静で用心深い性格ですね。

言い換えのポイントは？

集団生活になじめない、コミュニケーションがとれないと思われないように、言い換え表現に加えて、初対面では相手をいつも以上に思いやる態度が出てしまうことを伝えます。また、時間が経つにつれて打ち解けること、仲よしのお友達がいてよく一緒に遊ぶことも伝えれば、対人関係が苦手だという印象は与えません。人見知りが激しい場合でも、スポーツや習い事など、さまざまな体験を重ねて自信をつけさせていること、改善に努めていることを伝えましょう。

ひとりよがり・協調性がない

独善的で他人を顧みることができません。

ここをアピール 言い換え表現

- 自尊心がある
- 人に流されない
- 自分なりの意見をしっかり持っている
- 何でも自分で解決しようとする（自己完結）

上記の表現を使った例文です。

例文1 自分がよいと思ったことをするときに、人に流されない強さがあります。

例文2 わからないことやできないことがあっても、何でも自分で解決しようとします。

例文3 自分の考えを大切にし、お手伝いでも習い事でもプライドを持って取り組んでいる姿に、成長を感じることがあります。

言い換えのポイント

　行き過ぎた言動であると判断されないように、具体的なエピソードと言い換え表現で、人に流されずに自分一人で頑張る力があることをわかってもらうようにします。

マイナス思考・心配性

物事を悪い方へ考える癖があります。

ここをアピール 言い換え表現

- 想像力がある
- 慎重
- 常に結果を考える
- 用心深い
- 理想が高い

上記の表現を使った例文です。

例文1 念には念を入れる慎重さを持った性格です。

例文2 失敗や間違いなどを起こす場合を、自分なりに予想することができます。

例文3 いろいろなことに対して想像力を働かせ、何事にも失敗しないよう常に慎重に考えて行動します。

例文4 自分がどこまでできるかということを考えてから目標を決め、挑戦しようとする理想の高さに感心いたします。

言い換えのポイント

勇気がなく、何事にも消極的なのではと思われてしまうので、失敗を教訓としていろいろな結果を考えることができるようになったというように説明することもポイントです。

無口

口数が少なく、言葉で表現することが苦手です。

ここをアピール 言い換え表現

- 物静か
- 落ち着きがある
- 言葉を選んで話す
- 慎重
- 思考力がある

上記の表現を使った例文です。

例文1 慣れない場所でも、緊張せず、静かに落ち着いていることが多いです。

例文2 必要なときに必要な言葉を選んで慎重に話せます。

例文3 周囲の状況やほかの人の考えなどをしっかり聞くことのできる、思考力のある子どもです。

考える力のあるお子さんのようですね。

言い換えのポイント

静かで落ち着いた性格であることがわかるように言い換えて表現します。同時にお友達や先生とのコミュニケーションをとるうえで、問題がないと理解してもらうことも大事です。

面倒くさがり

機敏さがなく、物事を始めるまでに時間がかかります。

ここをアピール 言い換え表現

- 細かいことにこだわらない
- 必要なことだけを優先して行う
- 優先順位がわかる
- 人に頼むのがうまい

上記の表現を使った例文です。

例文1 物事を自分で考え、必要なことだけを優先して行うか、人に頼んだほうがよいかを判断できます。

例文2 物事を始めるのは遅いのですが、一度取りかかると何をどうすれば早くできるかということを考えて取り組んでいるようです。

例文3 細かいことにはこだわらないので、一見面倒なことはやらないようにも見えますが、必要なときには率先して動く行動力があります。

言い換えのポイント

無気力で、自分では何もしない子だという印象を受けますので、物事をどのように進めれば効率がいいかを考えることができる、ということを盛り込んでアピールしましょう。

優柔不断

ぐずぐずして物事の決断が遅いのです。

ここをアピール 言い換え表現

- **慎重**
- **柔軟性がある**
- **協調性がある**
- **穏やか**
- **人の意見を素直に聞く／尊重できる**

上記の表現を使った例文です。

例文1 何かを決めるときに、なかなか決断できない慎重さがありますが、そんなときはわたくしども親の意見を素直に聞き、判断の材料としているようです。

例文2 お友達と遊ぶときには、相手の考えを受け入れる柔軟性と、大勢《おおぜい》の中でも仲よく遊べる協調性を発揮します。

例文3 たくさんのお友達と遊ぶようになったときから、相手の意見も聞き、尊重したうえで自分の意見を述べることができるようになりました。

言い換えのポイント

判断に迷いやすいというよりもじっくり考える性格であること、2つの物事の両方のよさ・悪さなど、どちらの面も考えられる柔軟性を持っていることをアピールしましょう。

幼稚

よそのお子さんと比較すると、まだ幼さが残ります。

ここをアピール 言い換え表現

- 子どもらしい
- 無邪気／純粋さ
- 仕草がかわいい
- 人に愛される

上記の表現を使った例文です。

例文1 小学生の姉と話すときの素直な言葉やかわいらしい仕草に、子どもらしい純粋さがうかがえます。

例文2 幼い半面、子どもらしく感じたままを表現するので家族はもちろん、近所の人からも幼稚園の先生からもかわいがられます。

子どもらしい部分は大切ですね。

言い換えのポイント

面接では、1～2歳の赤ちゃん言葉や態度が身についたままだと思われないよう、無邪気な様子がほほえましいと映る出来事を話します。願書への記入も同様です。

理屈っぽい

ああいえばこういう、口答えが多くて困ってしまいます。

ここをアピール　言い換え表現

- 理論的
- 合理性を求める
- 考えることが好き
- 言語能力が高い

上記の表現を使った例文です。

例文1 何を根拠にそういう気持ちになったのかを、筋道立てて話せる理論的な面があります。

例文2 お友達との共同作業でも、役割分担などでどうすれば無駄がないかを考えるという合理性を求めて行うことができます。

例文3 物事に対して、自分なりの考えをいろいろな言葉で表現したがります。

言い換えのポイント

自分の考えを持っているので、納得できない場合は言動に理由を求めたり、相手に対して説明できたりする強さがあります。それが、どんな場面で発揮できていたかを伝えます。

忘れっぽい

注意をしても同じ間違いを繰り返します。

ここをアピール 言い換え表現

- 細かいことは気にしない
- 物事にこだわらない
- おおらか
- くよくよ悩まない
- いろいろなことに気がつく

上記の表現を使った例文です。

例文1 怒られたことやケンカしたことなどを気にしたり、こだわったりせずに物事に取りかかれるおおらかさがあります。

例文2 先生に叱られても翌日にはけろっとしています。よい意味でくよくよしない明るさを持っています。

例文3 次々と新しいことに興味を示すので、つい約束したことを忘れてしまうこともありますが、いろいろなことによく気がつく性格です。

言い換えのポイント

忘れっぽいと注意力散漫と思われてしまうことも。まずはおおらかな性格であると言い換えましょう。同時に集中力を身につけるよう努力していることも述べましょう。

うるさい

こんな短所も…

言いたいことを誰かれ構わず主張するので、先生やお友達からうるさがられることがあります。

言い換えのポイント

自分の言いたいことばかりを大声でしゃべってしまったり、初対面でも構わず騒いでしまったりするのは、あまり印象のよいものではありません。特に大勢がいる中では、悪い意味で目立ってしまう場合もあります。願書記入や面接の際には、おとなしくすることも必要であると導いている最中であることを述べ、その子の個性としてポジティブに受け止め、明るく活発な子どもであると言い換えます。

ここをアピール　言い換え表現

- 活発
- 明るい
- 積極的
- 行動的／活動的

上記の表現を使った例文です。

例文1 大きい教室や園庭などで遊ぶときはみんなに聞こえるような声で、明るく活発に動いています。

例文2 誰にでも聞こえるような元気な声で、積極的に遊びに誘うことができます。

例文3 初めて行ったサッカースクールでも、自分からいろいろやってみるという活動的な面があります。

活発な部分はリーダーの素質があるのかもしれませんね。

おしゃべり

口数が多く、思ったことをすぐ口に出してしまいます。

ここをアピール　言い換え表現

- 社交的
- 誰とでも仲よくなれる
- 思ったことを表現できる
- 話題が豊富

上記の表現を使った例文です。

例文1 初めてのお友達や先生に物怖じせずに話しかけ、誰とでも仲よしになれる社交的な娘です。

例文2 自分で体験したことや面白いと思ったことを伝える楽しさを知っています。

子どもらしく素直なのですね。

言い換えのポイント

話すことが好きで、社交的であることを伝えられるかどうかがポイントです。お子さんの普段の様子などから、よいと思われることを取り上げて、具体的にまとめてください。

おせっかい

呼ばれてもいないのに、出しゃばってしまいます。

ここをアピール 言い換え表現

- 面倒見がよい
- 人のために何かをするのが好き
- 困っている子の世話をする
- 頼りになる

上記の表現を使った例文です。

例文1 娘は1歳下の弟とよく遊んで面倒を見てくれます。弟のやろうとすること、言おうとすることを先回りしてしまうことがたまにありますが、姉らしい頼もしさがございます。

例文2 人のために何かをするのが好きなようで、お手伝いも進んでしてくれます。また、泣いていたり、困っていたりするお友達がいれば真っ先に声をかけていると、幼稚園の先生から伺っております。

言い換えのポイント

言い換え表現を用いるときでも、押しつけがましい印象にならないよう注意します。面倒を見ることができるという、お子さんの成長がわかる最近の出来事を示すとよいでしょう。

落ち着きがない

いろいろなことに目を奪われ、じっとしていることができません。

ここをアピール 言い換え表現

- 好奇心旺盛
- 行動的
- 社交的
- いろいろなことに興味を示す

上記の表現を使った例文です。

例文1 息子は好奇心旺盛なため、電車やロボットなどを見ると、「どうやって作られたの？」と、興味津津で聞いてきます。

例文2 じっとしているよりも行動しながら考えることが好きなようです。

好奇心がよい方向に向くとよいと思います。

言い換えのポイント

行動的であること、好奇心旺盛であることにふれておきます。そのよさを生かすため、今までの子育ての中で取り組んできたことも踏まえて、長所をまとめてください。

顔色をうかがう・主張しない

いつも周りを気にして、自分の意見を言いません。

ここをアピール 言い換え表現

- 気遣いができる
- 周りが見える
- みんなの意見を聞くことができる

上記の表現を使った例文です。

例文1 「痛いの？」、「疲れているならお手伝いしてあげるよ？」と、祖父母の健康面やわたくしども両親が仕事から帰ったときなど気遣ってくれます。

例文2 大勢のお友達と遊ぶときは、みんなの意見を聞き、周りの状況を把握して、意見が言えない子の気持ちを察することができます。

例文3 どんな場面でも自分の意見を先に伝えようとするよりは、相手の話を聞き、それが終わるのを待ってから話すことができます。

言い換えのポイント

どんなふうに周りを気遣うことができるのか、きちんと意見を聞くことができるのかを整理して願書に書きましょう。面接でも同じですが、より伝わるように工夫します。

がさつ・雑

こんな短所も…

言動が大ざっぱで、ぞんざいです。

言い換えのポイント

願書では、荒々しく無神経な印象を与えてしまわないように、「おおらかさ」や「機敏性がある」ことをしっかりとアピールしてください。面接では、記入内容について質問されることを想定しておき、至らないところは、親子ともども努力していることを説明できるようにしておくとよいでしょう。また、家庭だけでなく幼稚園（保育園）の先生方からの評価もエピソードに入れて前向きな表現につなげます。できるだけお子さんの性格や生活が見えるようにしてください。

言い換えるとこんな長所が見えてくる！

ここをアピール 言い換え表現

- おおらか
- 鷹揚《おうよう》
- 細かいことにこだわらない
- 作業が早い

上記の表現を使った例文です。

例文1 まだ1歳の弟が息子のおもちゃを手荒に扱って散らかしても、ポンポンと片づけるおおらかさがあります。

例文2 水泳教室でできないことがあり、兄や姉が焦ってしまっても、この子の場合は鷹揚に構えられるところがあります。

例文3 洗濯物をたたんだり、お皿を並べたりといったお手伝いをテキパキ行うことができます。

例文4 一度に複数の指示を出しても、自分でこなせる順番を決められるうえ、作業も早いです。

考えなしに行動する

思い立つと、無計画に動き出します。

ここをアピール　言い換え表現

- 行動力がある
- 冒険心がある
- 結果にこだわらない
- 実践力がある

上記の表現を使った例文です。

例文1　思い立ったらすぐに行動しようとする一面があります。

例文2　結果にこだわらず、何事にも挑戦していく姿は頼もしくもありますが、じっくりと計画を練ったほうがうまくいく場合もありますので、焦らないことも学んでほしいと思います。

例文3　最近、お使いに行くことが楽しいようで、頼んだらすぐにポストにはがきを出しに行ってくれたり、初めて行ったお店でも自分から探して、買うものを持ってきてくれたりする冒険心が芽生えてきているようです。

言い換えのポイント

考えるより先に行動してしまうことは、子どもらしい冒険心があると言えます。お子さんが今まで体験してきたことの中で、結果を恐れずにチャレンジしていた姿を伝えます。

行動が遅い・のんびり屋

何事もスローペースで、周囲の人をはらはらさせてしまいます。

ここをアピール 言い換え表現

- 慎重
- 丁寧
- おっとり
- 物事に動じない（泰然《たいぜん》自若《じじゃく》）

上記の表現を使った例文です。

例文1 どんなことでも自分が納得するまで、じっくり考える慎重さと丁寧に取り組む姿勢があります。

例文2 おっとりしているので、何事にもあまり騒がず落ち着いて行動するため、周りから信頼されているようです。

今から大物の雰囲気ですね。

言い換えのポイント

丁寧に作業に取り組む様子などを簡潔に伝えて、集団生活を送るうえで問題がないことを述べましょう。時間を意識して取り組む大切さも教えていることをつけ加えましょう。

集団からはみ出す

ここをアピール　**言い換え表現**

- **積極的**
- **行動的**
- **先頭に立って行動する**
- **リーダーシップをとれる**
- **思ったことを素直に表現する**

上記の表現を使った例文です。

例文1 発表会や運動会では先頭に立って、積極的に練習に参加するなど、行動的なところがあります。

例文2 みんなが黙って見ていることでも、思ったことを素直に表現しようとします。

例文3 いつもいろいろなことに興味を示すので、新しいことでも臆することなく、先頭に立って行動するチャレンジ精神があります。

例文4 園で共同作業をする時は、意見を言ったり、行動したりとリーダーシップを発揮しているようです。

言い換えのポイント

たくさんのお友達がいる幼稚園（保育園）生活の中でどのように行動的であったかを具体的に説明してください。また、自分の思いを表現できる素直さがあることも伝えましょう。

しゃべり下手

自分から話すことが少なく、いつも聞き役です。

ここをアピール 言い換え表現

- 聞き上手
- 会話を楽しめる
- 上手にあいづちをうてる
- コミュニケーション能力に長けている

上記の表現を使った例文です。

例文1 相手の言うことを否定せずに話を聞くことができるので、幼稚園の先生からも聞き上手でお友達に好かれていると伺っております。

例文2 お話を聞くときは、「それから？」、「すごいね」などと話を遮らない程度のあいづちをうっていて、相手が話しやすい雰囲気を作るのが上手です。

例文3 お友達同士やきょうだいで遊んでいても、ほかの子がずっと話しているのをいつも笑顔で聞いている姿から、会話を楽しんでいる様子がうかがえます。

言い換えのポイント

会話の糸口をつかむことがあまり得意ではないけれど、話を聞く姿勢がしっかりあることを伝えましょう。会話を楽しんでいる雰囲気も伝えられるとよいですね。

すぐに泣く

喜怒哀楽がはっきりしていて、すぐに涙をこぼします。

ここをアピール **言い換え表現**

- 感じやすい
- 敏感
- 感受性が豊か

上記の表現を使った例文です。

例文1 相手の気持ちを敏感に感じ取り、自分のこととして受け止めることができます。

例文2 絵本やアニメなどの主人公に感情移入できる、感受性が豊かな子どもです。

心が優しいのですね。

言い換えのポイント

感覚や感性が鋭いことが伝わるエピソードを用意して、感受性が豊かであることを伝えましょう。物事に対して敏感に反応できることもアピールしてください。

行動編

一つのことしかできない

同時にほかのことができません。

ここをアピール　言い換え表現

- 集中力がある
- やり遂げようとする
- いつも一生懸命

上記の表現を使った例文です。

例文1　自分で始めた虫の図鑑作りに対しては、必ずやり遂げようとする強い意志と、何時間でも頑張る集中力がうかがえました。

例文2　小さいころから何事にも一生懸命頑張り、できないことでもいつの間にかできるようになっていました。

集中力があるというのは勉強をするうえでの大切なポイントです。

言い換えのポイント

気が散ることなく、集中して物事に取り組めることを話します。願書でもお子さんの頑張る姿が先生方の目に浮かぶように、どんなふうに一生懸命だったかを記入しましょう。

人の話を聞かない

ここをアピール **言い換え表現**

- 他人に振り回されない
- 人の意見に左右されない
- 自分の考えや決めたことを貫く
- 自分で考えることができる

上記の表現を使った例文です。

例文1 一つの物事に対して、自分が何をしたいか、どう思っているかという考えをしっかり持っています。

例文2 お友達のほとんどがAを選んでも、Bを選びたいと思えば、その思いを貫く強さがあります。

自分の考えで動くことのできるお子さんですね。

言い換えのポイント

まずは、どんなふうに自分の考えがしっかりしているのかを伝えましょう。その後、きちんと話を聞く姿勢をご両親が示して導いていることを理解してもらうようにしてください。

ふざける

おどけて、浮かれてばかりいます。

ここをアピール 言い換え表現

- 明るく楽しい
- 活動的
- 前向き
- 物事を楽しくとらえる
- 子どもらしい

上記の表現を使った例文です。

例文1 どんなときでも、子どもらしい明るさや楽しさを忘れず、場を盛り上げます。

例文2 あまり得意でないことも、前向きに頑張る姿勢を見せるだけでなく、楽しもうとする姿勢も見えます。

明るい部分をさらに伸ばしたいものですね。

言い換えのポイント

度を越したふざけ方だと調子に乗りやすく、軽薄な感じを与えます。子どもらしくわんぱくに遊んでいる様子を述べてください。明るく楽しい雰囲気を伝えるとよいでしょう。

無関心・無反応

話題に興味を示さず、話しかけても乗ってきません。

ここをアピール 言い換え表現

- 穏やか
- 物事に動揺しない
- 物事にこだわらない
- 穏健で堅実
- 自分の世界がある

上記の表現を使った例文です。

例文1 お友達同士がケンカしたり騒いだりしていても、泣いたり、動揺したりせずに過ごせます。

例文2 自分独自の世界があり、周りが浮足立つようなことでも穏やかに受け止めることができるようです。

例文3 積み木やブロックで遊んでいる最中に、ほかのお友達が横から手を出してきても、怒ることなく穏やかな態度で接することができます。

言い換えのポイント

自分の興味があること以外は無関心になってしまう場合は、自分の世界観とものさしがあること、穏やかであることがわかるお子さんのエピソードをいくつか用意しておきます。

行動編

目立たない

おとなしすぎて、存在が忘れられることもあります。

ここをアピール **言い換え表現**

- 人の意見を聞く
- 物静か
- 場をわきまえている
- 落ち着きがある

上記の表現を使った例文です。

例文1 みんなの意見を聞き終わるまで、静かにしていることができます。

例文2 どんなことを決める場なのか、求められていることは何かなどをわきまえて発言します。

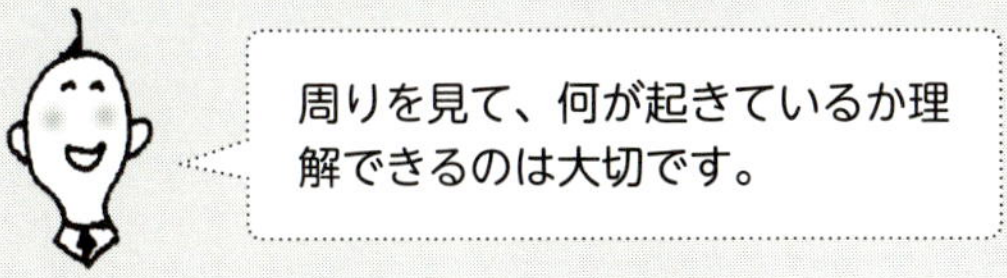
周りを見て、何が起きているか理解できるのは大切です。

言い換えのポイント

平凡でおとなしいことが悪いわけではありませんが、願書では埋もれてしまうことも。言い換え表現のほかに「縁の下の力持ち」といったことをアピールしてもよいでしょう。

文句が多い

不平不満が多いようです。

ここをアピール **言い換え表現**

- 言葉が豊か
- 感性が鋭い
- 思ったことを素直に言える
- 理想が高い

上記の表現を使った例文です。

例文1 自分の意見を主張する際に、たくさんの言葉を使って伝えようとするので、感性が鋭いと思うときがあります。

例文2 自分がしたことでも、相手がしたことでも必ず何か言葉にし、自分が描く理想に近づけるようにと思っているようです。

例文3 幼稚園に行くようになってからは、小学生の兄や姉と一緒に遊んでいても、何か納得がいかないことがあった場合には、思ったことを素直に伝えられるようになりました。

言い換えのポイント

どんなときに自分の意見をはっきり主張するのかをまとめておきましょう。その中での会話で印象に残ったものがあれば豊かな感性を持っていることとして見えるように伝えます。

5 お悩み相談室

我が子の受験には、迷いや悩みがいっぱいのご両親も多いことでしょう。ここでは、よくある疑問や不安を取り上げ、それに対してアドバイスをしています。

お受験事件簿

お悩み編

在校生の自然な姿を観察するために
周辺の散歩に行こう!
文
小学校
メモ帳
MEMO
デジカメ
双眼鏡
GPS
よし出発!
でも、こんな格好で行くと…
あなたどなた?
いえ、あの決してあやしい者では…
100%見守り隊に詰問されます。
PTA

Q

小学校受験を考えていますが、幼児期の受験は子どもに大きな負担がかかるのではないかという不安があります。

A

小学校受験は、我が子を豊かに育てる第一歩ととらえましょう。

学校はそれぞれの家庭がどんな教育方針で子どもを育ててきたのかを知りたいのです。そのため受験では特別な知識の詰め込みではなく、日々の積み重ねによる「ものをよく見て、感じ、考える習慣」と「行動する力」が求められ、学校生活や社会生活の土台となる力を蓄えているかどうかも見られます。

受験を機にその大切さに親が気づくことや、信頼できる教室と一体になって取り組むことは、子どもの将来にマイナスにはなりません。試験を通じて親の日常や育児の姿勢を見直す機会にもなります。子どもには責任のないこととととらえて、小学校受験は我が子を豊かに育てる第一歩と考えてください。

Q

小学校受験をしたいと思っていますが、どんな小学校を受ければよいかわかりません。学校選びのポイントを教えてください。

A

独自の特色などの情報の収集は、自分の目で確かめることが大切。

選び方の基本としては、「国立・私立」「共学・別学」「宗教色の有無」「附属・系列校がある一貫校かそれを持たない進学校か」といった基準があります。それぞれに独自の特色があるので、児童や学校生活の実態について情報の収集が大切です。

大切なのは、目と耳で得たこと、そして肌で感じた印象です。登下校の時間に学校の近くを散歩してはいかがでしょう。送り迎えのご父母や在校生の自然な姿に出会え、参考になるはずです。また入試説明会、オープンスクール、作品展などの公開行事には参加することをおすすめします。迷ったときは、目的を整理し、自分の目で確かめることから始めましょう。

Q

小学校を受験したいと考えていますが、もし不合格になった場合、子どもが深く傷つくのではないかと心配です。

A

どんな結果でも子どもを支え、前向きな気持ちを忘れないことです。

子どもの気持ちが傷つくのは、不合格そのものよりも、親の期待に応えられなかったと思うときです。入試はさまざまな状況や条件のもとで行われるため、子どもが100%の力を出せるとは限りませんし、苦手な課題にあたってしまうこともあります。勉強は自分がなりたいものになるため、成長していくために大切なものだという考え方を教えてあげてください。

どんな結果でも、子どもの力となって、最良の方向を考えてあげられる存在は親以外にいません。悪い結果を心配せずに、よい結果につながる努力と、常に前向きな気持ちを忘れなければ、子どもは素晴らしい未来に向かって羽ばたくはずです。

Q

うちの子は人前で話すことを嫌がります。聞かれたことに対して、上手に答えたり、自分の考えを伝えたりする力を伸ばすには？

A

焦らず、繰り返し、小さな成功体験を積み重ね、自信につなげましょう。

　子どもが人見知りなので、面接で力を発揮できないのではと悩む保護者は多いようです。ただ焦っても大きな成長は期待できません。まずは小さな成功体験を積み重ね、自信をつけていくことが大切です。

　たとえば、街の個人商店などで買い物を頼んでみる、また家族で旅行などに出かけるときには行き先の相談や荷物の準備など、できることから始めてみてください。家族の一員として力を発揮することが子どもの自信につながります。

　焦らず、繰り返し、親子一緒に挑戦していきましょう。その中で、子どものよいところを見つけたら、声をかけて認めてあげましょう。

Q

気分にムラがあり、気分の乗らない日は集中できず、問題の正解率も悪くなります。そんな日はどう接し、どう過ごせばよいですか。

A

親自身が発想を転換して、ほめたり、ひと工夫したりしてみましょう。

できないことやスピードが上がらないことに対して、親がイライラしてしまったり、叱《しか》ったりするのは逆効果です。「そんな日もある」と親の気持ちを変えることが大切です。理解が難しい問題や苦手な問題で集中力を欠いてしまったときは「惜しい！」、「残念」など声をかけて励ましてあげましょう。

昼間であれば散歩に出てみるのもよいでしょう。草木を観察しながら親子のコミュニケーションがとれる、よい時間になります。また常識問題や見る力を養うことができます。このように、親自身が発想を転換し、気分を変えてひと工夫してみてください。できたことに対してはたくさんほめてあげましょう。

Q

受験直前に精神的にも体力的にもまいってしまわないか心配です。直前のコンディション調整はどのようにすればよいでしょうか。

A

子どもの緊張をほぐし、生活リズムを整えることで自信と安心感を！

まず大切にしたいのが、親の気持ちを落ち着かせることです。

今不安に思っていること、できないと感じていること、克服したいと思っていることをノートに書き出してみてはいかがでしょう。実践した方のお話では、不安になったときにノートを見返すと気持ちを落ち着かせることができたそうです。

親の気持ちが落ち着いたら、次に子どものナビゲーター役に。一つは子どもの緊張感をほぐし、自信と安心感を与えること、二つめは体調の管理を万全にすることです。生活リズムを整えることでコンディション調整が容易になります。我が子の頑張りを認め、信じることが受験直前の親の役目だと思います。

Q

親子ともども緊張しやすい性格で、面接でうまく答えられるか心配です。どのような準備をしておけばよいでしょうか？

A

緊張するのは当たり前。緊張をよい方向に生かすよう支え合いましょう。

親の緊張をほぐすには、志望校の想定問答集を見て、必ず聞かれる質問の要点をリストアップし、伝えたいことに要点をしぼって頭に入れておきましょう。

子どもの緊張をほぐすには、家庭で面接時と同じ状況に慣れておくと、安心感が高まります。肝心なのは、余裕のある万全の準備で、自信と安心感を与えることが大切です。

いくら準備をしても試験当日はやはり緊張します。入学したいという強い思いがあるから緊張するので、緊張するからこそ伝わる真面目さ、ご家庭のよさがあります。

緊張をよい方向に生かすようにして、家族で支え合い、本番に臨んでください。

受験当日

Q. 受付には、何分前に着いているのがよいでしょうか？

A. 理由があっても遅刻は認められないので、余裕をもって家を出ましょう。約15〜20分前に到着するのが一般的なようです。あまり早く会場に着いてしまうと子どもが飽きてしまい、モチベーションが下がることもあります。普段からどれだけ待てるかを見極めておきましょう。

Q. 試験の待ち時間はかなりあるのですか？

A. 学校によって違いますが、かなり待つ場合もあるので、飽きないように子どもの好きな本や折り紙などを用意していきましょう。また、控え室で、はしゃいでいるよその子につられて動き回らないよう、あらかじめ落ち着ける状態やその方法を見つけておきましょう。

Q. 面接での立ち居振る舞いについて教えてください。

A. マニュアルに書いてあることよりも、「自分たちのために時間を割いてくれる」面接官への感謝や謙虚さを忘れないようにしましょう。それさえ意識できていれば、ノックから入室、着席、発言、回答、言葉遣い、退席までのあらゆる立ち居振る舞いは自然と決まるはずです。

受験当日までの過ごし方

Q. 受験直前はどのような学習方法がよいでしょうか？

A. できる問題を多くこなして、子どもに自信を持たせましょう。大事なことは、最後まで問題を聞く練習を行うこと。複雑な問題ほど、最後まで指示を聞いているかどうかで差がつきます。また、学習時間を区切るなどして、いろいろなテーマに取り組むよう心掛けてください。

Q. 受験直前は子どもを叱らない方がよいですか？

A. 子どもの成長に必要だと判断したときには、しっかりと叱ってあげてください。ただし、叱る際には、決めたルールを「なんで守れないの」と問いつめるのではなく、「決めたことは守れるはずよね」と、子どもを信頼してあげるような言い方を心掛けましょう。

Q. 体調管理で気をつけておくべきことは何ですか？

A. 試験当日はベストコンディションで臨みたいですが、試験がある10、11月は季節の変わり目なので注意が必要です。ただ、過保護になり過ぎないことも重要です。日ごろから子どもの言動や顔色を見極め、「我慢させる」、「休ませる」など判断基準を作っておきましょう。

金田一 秀穂
言語学者、評論家。1953年、東京都生まれ。日本語学の権威である祖父(京助)、父(春彦)の後を継いで日本語の研究に従事。ハーバード大学客員研究員を経て、現在、杏林大学外国語学部客員教授。日本語研究の第一人者として多方面で活躍している。著書『気持ちにそぐう言葉たち』(清流出版)、『金田一先生のことば学入門』(中央公論新社)、『日本語のへそ』(青春出版社)など多数。

伸芽会
1956年創立。小学校・幼稚園受験を目指す幼児教室の草分け的存在として、子どもの創造性を伸ばす独自の教育理念を実践。創立以来、驚異的な名門私立小学校合格率を誇り、我が子を優秀な人間に育てたいと思う親から絶大な信頼を寄せられている。

小学校・幼稚園 **受験用語ハンドブック**

2012年4月13日 初版第1刷発行
2014年4月30日 初版第2刷発行
2021年7月 5 日 第2版第1刷発行

監修 金田一秀穂 伸芽会教育研究所
発行 株式会社伸芽会
〒171-0014
東京都豊島区池袋2-2-1-7F
販売 TEL (03)6914-1359
編集 TEL (03)3981-9393
URL http://www.shingakai.co.jp

扉マンガ 佐藤竹右衛門
本文イラスト 田崎トシ子 コバヤシ・カズエ
企画・編集 伸芽会出版部編集室
デザイン・DTP トロア企画株式会社
編集協力 有限会社オフィス朔
Director サトウクミ
Editor 瀬川彰子

定価1320円(本体1200円+税10%)

印刷・製本 凸版印刷株式会社

 ISBN 978-4-86203-347-5 ¥1200E

志望校入試日程表

例を参考に、予定を記入して
ご活用ください。

学校名	説明会日	願書配布期間	出願期間	試験日	試験内容	合格発表日
例 早稲田実業学校 初等部	6月4日	9月3〜30日	10月1・3日 必着	1次:11月1〜5日 のうち1日 2次:11月8〜10日 のうち1日	1次:ペーパー、集団 個別、運動 2次:親子面接	1次:11月7日 2次:11月12日

印象をよくする!

面接時の服装

華美にならず、親子のバランスの取れた服装を考えてみましょう。

父親

紺やグレーなどの落ち着いた色で一般的なデザインのスーツが基本。ストライプのスーツは避けましょう。ワイシャツは白。

母親

スーツかワンピース。派手めなものは避け、ひざが出ない長さのもの。靴はフォーマルなタイプで低めのヒールが基本。

男児

品のよいシンプルなスーツか白いシャツに紺のベストと半ズボン。靴はフォーマルなものか、服装に合わせシンプルなものに。

女児

フリルなどがついていない清楚な印象のシンプルな紺やグレーのワンピースかアンサンブル。靴は服装に合わせたものを。

化粧やアクセサリーは?

メイク

- 自然な印象のメイクを心掛け、目立つ色のアイシャドーや口紅、つけまつ毛は避ける。

アクセサリー

- 華美な指輪やブレスレット、イヤリング、ピアス、ネックレスなどはつけない。

ヘアスタイル・マニキュア

- 長い髪はスッキリまとめ、極端な茶髪は避ける。
- マニキュアは透明感のあるものに。

子どもの身だしなみ

前髪は、目にかからないように短くするのがポイントです。また、女児で髪が長い場合は二つに結ぶか三つ編みにし、大きな髪飾りは避けましょう。当日、身につける服や靴は、その子に似合う物を選び、動くとき邪魔にならないよう清楚な感じにまとめます。また、前もって何度か着せて、慣れておくようにしましょう。

爪もきちんと切っておきましょう。

試験当日の

持ち物チェックリスト

持っていく物は早めに準備します。当日に再度確認しましょう。

□ 受験票、願書など提出物のコピー

提出物は何度も読み返し、書いた内容の確認をしましょう。

□ ビニール袋、雨具（傘・レインコートなど）

ビニール袋はぬれた物を入れるなど、何かと重宝します。

□ 小学校から指示された物

子どもの上履きは見えないところに名前を書いておきます。

□ 飲み物、折り紙、あやとり、絵本

待っている間、子どもが飽きず静かに過ごせるような物を。

□ ハンカチ、ティッシュペーパー

ティッシュペーパーは何枚か折りたたんで携帯する工夫を。

□ メモ帳、筆記用具、辞書

書類の記入や校内放送などでメモをとるときに使います。

□ 着替え（靴下、下着など）

雨天やおもらしなど、いざというときにあると便利です。

□ ばんそうこう、安全ピン、ソーイングセット

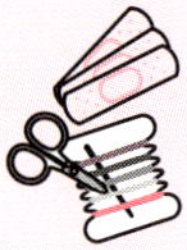

安全ピン、ソーイングセットなどは、困ったときのために。

□ ハンドバッグ、補助バッグ

ハンドバッグには受験票や提出書類などすぐに出し入れする物を、補助バッグにはそのほかの物を入れます。バッグの色は、紺か黒を選びましょう。